CAMPAÑAS DE COLOR

ANDRÉS ELÍAS

Galaxia ✦ Literaria

CAMPAÑAS DE COLOR

ANDRÉS ELÍAS

CAMPAÑAS DE COLOR
DE *Andrés Elías*

En colaboración con Jorge Díaz Barajas.

Todos los derechos reservados conforme a la ley
D.R. © 2024 Por la obra: Andrés Elías
Primera Edición: 2024
Diseño editorial: P&C

Servicios editoriales: Galaxia Literaria
hola@galaxialiteraria.com
www.galaxialiteraria.com
Impreso en Guadalajara, Jalisco. México.

ISBN-13: 979-8880-27637-0

Esta obra se terminó de imprimir en febrero de 2024.
Impreso y hecho en México.
Printed and made in Mexico.

Galaxia ✴ Literaria

A Gladys Pérez, mi hermosa y dulce esposa a quien admiro por su inteligencia y humor. Tu apoyo durante el tiempo que invertí en este libro ha sido un regalo hermoso que valoro como lo que es: algo único que no se reemplaza. Gracias por tu paciencia en la revisión y en las observaciones. Estás en este libro, como estás en todas las cosas de mi vida.

A mi hijo Mauro, porque mi mundo es ahora mejor contigo.

CONTENIDO

PRÓLOGO, POR ROY CAMPOS

CUANDO UNO CREE HABER ENTENDIDO ALGO, SUR-gen cosas que lo sorprenden y lo hacen entender que nunca se comprende nada en forma absoluta. Esto es el ciclo natural del conocimiento y eso me pasó al leer este texto. He leído muchos libros de comunicación política desde 1997 a la fecha; al principio me devoraba con voracidad todo lo escrito, tomaba notas y generaba resúmenes para consumo personal, hasta que me di cuenta de lo repetitivos que eran y empecé a ser más selectivo, leyendo solamente los que me podían aportar algo nuevo. El libro de Andrés Elías puede catalogarse en esa categoría: aporta nuevos puntos de vista y ordena conceptos que uno va recogiendo a lo largo de las campañas políticas, ganadoras o perdedoras; de ambas se aprende cuando existe una reflexión posterior.

En *Campañas de color*, nos lleva poco a poco a concluir que no cambiar es absurdo. El título del libro, explica, viene del concepto «notas de color» que en lós medios tradicionales se utilizan para atraer la atención del lector o de la audiencia resaltando lo que a esa audiencia le interesa, y que en las campañas políticas se convierte en una sucesión continua de ese tipo de notas, con una dinámica impresionante que deja poco a la reflexión y mucho a la emoción.

Se pueden destacar muchos aspectos que, por sí mismos, merecen la lectura del texto, pero entre sus virtudes nos da un recorrido concreto sobre las tres campañas electorales del actual presidente de México que a su vez le sirve para mostrar la forma en que ha evolucionado la importancia y el impacto de los medios tradicionales, desde un monopolio total en el establecimiento de la agenda, hasta un papel secundario ante la irrupción de las redes sociales. De manera provocadora cuestiona la legitimidad de los resultados de 2006 y 2012.

También nos da su interpretación de los paradigmas de la comunicación institucional que siguieron los presidentes Vicente Fox, Felipe Calderón y Enrique Peña Nieto en México, las diferencias que tuvieron entre sí, sus defectos, sus virtudes, sus resultados y nos explica la función de la llamada «conferencia mañanera» en la construcción de la narrativa del presidente López Obrador.

El concepto rector que circula a lo largo del libro es que cada campaña es única, que cada campaña debe construirse desde el candidato y considerando el contexto, el tipo de votante y los medios con los que se cuenta; una frase que debería estar grabada en el escritorio de todo estratega sintetiza lo anterior: «la construcción del mensaje está directamente relacionada con el tipo de votante». Nunca mejor dicho, porque, aunque hay necesidades globales como seguridad, empleo o salud, cada momento de la historia y cada lugar del planeta vive momentos distintos con personas que saben cosas distintas, con formas de comunicación y de entretenimiento distintas y, aunque parezca extraño, con necesidades distintas; ejemplo de ello es la telefonía celular o el internet y, como nos recuerda Andrés, esto apenas inicia: los cambios son rápidos y el surgimiento, por ejemplo de la inteligencia artificial, no nos permite imaginar su real alcance porque, en sus palabras, se ha abierto una Caja de Pandora.

A los investigadores de la opinión pública siempre nos ha preocupado la existencia y el tamaño de la llamada «espiral del silencio» que hace que ante una pregunta el ciudadano se incline a responder lo «políticamente correcto o aceptado» y no su realidad (por ejemplo, haber consumido drogas o dar una «mordida o coima»), este elemento –muy estudiado, pero nunca concluido– ha generado conceptos como «voto oculto» o «mayoría silenciosa», para explicar la diferencia entre los estudios pre-electorales y los resultados de una elección. En este libro deja una hipótesis interesante a manera de pregunta: dado que las redes son el espacio de conversación donde el ciudadano se siente más libre para expresar sus ideas e incluso mantener su anonimato, ¿sigue siendo válida la teoría de la espiral del silencio en RRSS?

De manera muy entretenida platica de campañas imaginarias para ironizar la forma en que se hacen las campañas, tradicionales, de libro, homogéneas, utilizando los métodos tradicionales que emplean políticos, estrategas y partidos políticos sin considerar que ya no sirven como ellos creen, que van dirigidas solamente a su electorado, pero no logran emocionar o generar la menor empatía a otras personas y, por ende, no atraen a nadie. Vale la pena leer esa parte porque al hacerlo sentiremos reflejadas muchas campañas pasadas y presentes, pero entendamos que su ubicación en este libro no es porque las aconseje, sino que, en forma irónica, las destruye; son campañas sin contexto y sin el entendimiento de que el mundo cambió y eso no lo han reflejado las campañas.

El libro está lleno de citas de muy recomendables textos y de remembranzas a escenas de películas a lo largo de los temas que va tratando, eso hace más fácil la lectura al recordarlos, pero en caso contrario genera las ganas de leer o de ver esas recomendaciones; desde textos clásicos de política hasta informes actuales sobre cobertura de internet o tipo de votantes, todos ellos explicados y analizados para validar las conclusiones a las que llega.

El lector minucioso podrá estar de acuerdo o en desacuerdo con algunas valoraciones que Andrés se atreve a hacer en su obra, pero no podrá negar la validez y hasta la valentía de sus críticas a las campañas que no han entendido el cambio, donde la búsqueda de la conexión del candidato con los electores se hace humanizando la comunicación, a esto es a lo que Andrés llama *Campaña de color* y nos advierte que este cambio está en marcha y quien no lo entienda será superado por quienes sí se vayan adaptando en cada momento a esta evolución.

Inicié diciendo que el tiempo me ha vuelto selectivo para mis lecturas y terminaré diciendo que este es de los textos que sí recomiendo leer, con calma, pensando, cuestionando al autor, agregando valor a sus reflexiones y, sobre todo, considerando sus conceptos en el diseño de su próxima campaña política.

ROY CAMPOS
Board Chairman, Consulta Mitofsky
Febrero de 2024

INTRODUCCIÓN

EN BUSCA DE LA QUIMERA ELECTORAL

¿QUÉ PASA CON LAS CAMPAÑAS ELECTORALES CUANDO los medios de comunicación van sufriendo cambios tan profundos como los actuales? ¿Afecta a la vida democrática esta mutación en la que los medios tradicionales van perdiendo preponderancia y legitimidad? ¿Afecta la influencia cada vez mayor de las redes sociales y, con ello, el influjo del ciudadano común? ¿Será que la manera de persuadir el sentido de las votaciones pasa por nuevas fórmulas de encantamiento emocional?

Las campañas electorales son el pan de cada día en el mundo, no hay fecha en la que no haya, en alguna parte del planeta, una contienda política donde los consultores apuesten sus estrategias para demostrar sus teorías sobre el enamoramiento de los votantes. En Argentina, por ejemplo, la campaña atípica de Javier Milei sorprendió a todos, incluso a las casas encuestadoras que lo daban por perdido. Su estilo polémico, peligrosamente rayando en el ridículo enfermizo, supo conectar emocionalmente con una mayoría de votantes cansados por la hiperinflación y porque –cosas de nuestros pueblos mágicos– del otro lado estaba un contrincante que era, casualidades más o casualidades menos, uno de los contribuyentes más claros de la inflación argentina.

En México, una candidata usa la inteligencia artificial para crear spots novedosos a bajo costo, pero termina gastando cantidades extratosféricas de dinero en redes sociales, mientras ve cómo se desinfla su campaña trompicón a trompicón: su equipo le crea un personaje que lo mismo es trotskista que neoliberal, y lo mismo denosta a su padre alcohólico que lo admira al siguiente discurso. No parece que le hayan contratado a un continuista para darle coherencia a lo que hace. Para colmo, su biografía está llena de inconsistencias, le vinculan como parte de un entramado de tráfico de influencias y a cada declaración su hunde como un Titanic de cartón y plomo. Su campaña, que refulgía de creativa, de repente se apaga como se apagan las velas de un pastel amargo.

Pero antes, la campaña de Trump y la de Obama ya nos lo decían: no podemos seguir haciendo campañas electorales al estilo romano, porque las redes sociales han cambiado nuestros paradigmas sobre prácticamente cualquier cosa, incluso las más trivales como conseguir pareja, solicitar víveres o comunicarnos con el vecino.

Aunque no todo es miel sobre hojuelas: las plataformas de interacción avanzan a un increíble ritmo difícil de seguir y de entender integralmente, y lo hacen acompañadas de nuevas herramientas que nos van descubriendo posibilidades cada vez más complejas de usar en sentido técnico y ético. La inteligencia artificial, por ejemplo, ha abierto la puerta al desarrollo de contenidos falsos que difícilmente distinguimos de los reales.

En México, recientemente hemos visto videos con el rostro de políticos y políticas haciendo declaraciones incendiarias, o a empresarios y famosos conductores de televisión que nos invitan a invertir en negocios con ganancias absolutamente irreales. En ambos casos, se trata de videos en donde los rostros y las voces de los personajes han sido manipulados por inteligencia artificial y cuyos promotores no han tenido el más mínimo escrúpulo de abrir esa caja de Pandora.

No es un problema menor, porque la condición ética de las campañas se ve seriamente comprometida frente a la posibilidad de que cada vez sea más sencillo crear realidades alternas que degeneren la máxima de Maquiavelo, según la cual el fin justifica los medios. Para más, no se tiene registro de una legislación al respecto, así que el uso de la inteligencia artificial podría estar entre los dolores de cabeza de los próximos legisladores. En México, por ejemplo, la Ley General de Instituciones y Procedimientos Electorales contempla la forma en la que los partidos políticos pueden disponer de espacios en radio, televisión y prensa escrita para su propaganda, pero nada dice sobre aplicaciones, plataformas, redes sociales o cualquier otro instrumento de internet que pueda influir en los procesos electorales.

¿Las redes sociales están influyendo electoralmente en México y América Latina? Por supuesto, y lo hacen, casi simétricamente, a partes iguales desde el impulso legítimo a los ideales de un partido o candidato, que desde la manipulación de la opinión pública. Nada más en 2019, un informe de Freedom House[1] indicaba que, de los treinta países que tuvieron elecciones el año previo, veintiséis habían padecido interferencias electorales digitales.

* * *

En el periodismo, las notas de color son textos de acompañamiento. En sentido más concreto, ni siquiera son notas, sino crónicas paralelas a la nota principal, que hacen que reluzcan ciertos aspectos ajenos a los hechos, pero que son de interés humano, más que periodístico, razón por la que suelen estar relegadas a los rincones más discretos de los diarios. Ahí donde hay que llenar un hueco, la nota de color llega para cubrirlo, como si de un remedo o de un parche se tratara. La nota de color ha sido tan insustancial en el olimpo de los editores, que lo usual ha sido que sean escritas no por los periodistas más experimentados, sino por quienes no logran ocultar su novatez en el exceso de imágenes, metáforas y otros recursos literarios. Por este

---

[1] Disponible en https://freedomhouse.org/sites/default/files/2019-11/11042019_Report_FH_FOTN_2019_final_Public_Download.pdf

accidente de las redacciones, empeñadas en no distraer a sus periodistas de mayor aura, las notas de color fueron tomando la forma narrativa que hoy atrae a tanta gente en su lectura. ¿Por qué?, porque su intención es resaltar las luces y las sombras de aquello que retratan. Es la mirada subjetiva del escritor sobre aquel fenómeno que los demás describen en términos del qué y el cuándo, para instalarlas en la justa dimensión de nuestros intereses terrenales: en el cómo. Las notas de color no falsean los hechos, pero se concentran y profundizan en esas minucias que sólo se ven a través de la mirada del ser humano. Ahí donde el periodismo ve la edad de alguien, el cronista que redacta las notas de color ve arrugas, historias de éxito y fracaso, ve a los amores de infancia que el protagonista todavía recuerda, ve el café que se toma en las mañanas para celebrar la vida, ve el temblor enternecido del hombre. De ahí he tomado la idea para el título de este libro y de ahí he tomado el nombre para este paradigma de comunicación. Porque las campañas de color son eso: una mirada a los detalles humanos para conectar emocionalmente con los otros.

* * *

Antonio Porchia, ese poeta que hacía poemas con tono de filosofía telegráfica, apuntaba sobre los riesgos de la depuración excesiva: cualquier escritor sabe que el proceso más difícil y extenso es el que conlleva el refinamiento final de una obra. Y sabe, también, que el excesivo abrillantamiento del texto es un riesgo, porque conlleva la suerte de matar la naturalidad de la obra mientras se va limpiando con demasía, igual que vamos restando capas de pintura a la carrocería del auto mientras insistimos en sacarle destellos imposibles.

Lo mismo pasa con nuestra naturaleza humana, y es tal vez el punto al que Porchia hubiera querido que pusiéramos nuestra atención más fina: intentando depurarnos como personas, vamos perdiendo esa apariencia de naturalidad, de humanidad. Por eso advierte: «Te depuras, te depuras ¡cuidado! Podría no quedar nada».

Pero, supongo, en el campo de la consultoría política hay una zona crepuscular, extraña en ser definida y difícil de entender si ha de ser o no depurada; hablando de diseñar una campaña política, ¿abogaríamos por un excesivo refinamiento técnico o por un extremismo de naturalidad humana? Tengo la impresión de que las campañas electorales suelen tener una definición bastante más elaborada en la teoría de lo que sucede en la práctica; tengo la sensación de que, en este mismo sentido de Porchia, las campañas y sus metodologías parecieran procesos absolutamente depurados en su justa medianía, ahí donde son capaces de sacar el brillo exacto al triunfo electoral. Pero no, no es así, y a veces tengo la corazonada de que en el mundo es posible que muchos consultores electorales vendan, en realidad, una especie de texto curatorial y no una campaña. Es decir: una idea bellamente elaborada, en la que el escritor es el artífice de una quimera.

No es raro que en el arte contemporáneo (en la pintura, por ejemplo) consumamos textos curatoriales que exaltan el trasfondo y la belleza de una obra que, vista de cerca, apenas se parece a lo que el escrito nos explica. Eventualmente, pareciera que nos emociona más ese enardecido relato que la obra en sí; no somos capaces, siquiera, de reconocer el universo de significados que el autor del texto nos dice que existen en la obra. Pasamos la mirada al texto y la volvemos a la obra sin entender la conexión entre lo uno y lo otro, sumidos en la posibilidad de que nosotros seamos ese eslabón de inconexión e ignorancia. Es probable que, apenados frente a ese riesgo, decidamos aceptar el texto curatorial como una verdad absoluta y terminemos viendo en la obra todos y cada uno de los elementos descritos.

Tengo la sensación de que las campañas políticas tienen algo de texto curatorial, algo de quimera, algo de producto bellamente presentado y que, al ser desenvuelto, apenas somos capaces de aceptar sus roturas.

Vuelvo a la pregunta de unos párrafos arriba: hablando de diseñar una campaña política, ¿abogaríamos por un excesivo refinamiento técnico o por un extremismo de naturalidad humana? Ese es el planteamiento que me hice cuando pensaba en una manera de acercarme a esa justa medianía de depuración porchiana: una donde puedan coincidir el refinamiento metodológico y dejemos espacio para la espontaneidad humana; una donde podamos, como consultores electorales, ofrecer a los partidos políticos una visión técnica y una certeza razonable sobre los resultados esperados, y todo eso sin dejar de lado las emociones terrenales con las que intentamos persuadir las intenciones de las y los votantes. A partir de ahí surgió la idea de las campañas de color que procuraré explicar en esta obra.

* * *

Hace ya mucho que superamos, al menos hipotéticamente, lo que Pipa Norris –politóloga estadunidense– llamó la era premoderna (mediados del siglo XIX hasta 1950) y moderna (1960-1980) de las campañas políticas, para instalarnos en una etapa postmoderna (1990 a la fecha), en la que aparecen las redes sociales y los equipos de campaña empiezan a conformarse por especialistas de campos diversos. Pero subrayo el hecho de que, muy probablemente, estemos teorizando sobre la naturaleza de las campañas y de que, incluso, sea frecuente que los equipos de especialistas se conformen sin un mínimo consenso epistemológico. Me atrevo a decir que, en la frase anterior, puede caber fácilmente un ajuste semántico en el que aceptemos que también hemos romantizado la naturaleza de las campañas electorales. Y es que, metidos en la guerra por las y los votantes, sumergidos en el tobogán de los tiempos electorales, buscamos una manera de ser lo más pragmáticos posibles y terminamos por crear batiburrillos que podrían no tener ningún sentido de fondo, especies de modernos prometeos cuyas cicatrices hacen evidente que hemos creado un monstruo: una masa que por fuera parece viva, pero cuya alma está evidentemente rota.

En mi experiencia, esta congruencia de elementos, esta *epistemología electoral*, simplemente no es algo que se cuestione en el desarrollo de las campañas, ni de parte de los expertos ni, mucho menos, de parte de los clientes. Como en los partidos del Real Madrid: no importa la forma en la que se gane, siempre que se gane. Con el consabido riesgo de que no siempre podemos apostar a ese tipo de triunfos al estilo *«haiga sido como haiga sido»*[2].

Sin embargo, quiero llegar al punto de que estos cuestionamientos tampoco tocan una parte fundamental de lo que Norris señala como la etapa postmoderna de las campañas electorales, y es el hecho de que, en plena era del internet, seguimos siendo benevolentes con la manera en la que sobrellevamos las campañas electorales: las campañas premodernas se caracterizaron por el uso de las primeras tecnologías de mediación con las que contábamos —la radio, por ejemplo—, a lo que se sumaban los clásicos recursos impresos; mientras que las campañas modernas privilegiaron el uso de la televisión, como un dios todopoderoso que permitía llegar a los indecisos mediante la publicidad que ahora podía explotar en imágenes. Y, de alguna manera, parece que un porcentaje muy grande de las campañas postmodernas continúan confiando sus recursos

---

[2] La frase es conocida en México, porque fue dicha por el entonces candidato del PAN a la presidencia del país, Felipe Calderón, durante una entrevista televisada en el noticiero de mayor audiencia. La frase toma notoriedad cuando Calderón gana la elección en medio de un sinfín de cuestionamientos de fraude. La presidencia de Calderón, marcada por el aumento del crimen organizado y la colaboración de su secretario de seguridad, Genaro García Luna, con los cárteles de la droga, ha sido un clásico triunfo del tipo *«haiga sido como haiga sido»*.

a la prehistoria. En la era postmoderna, insistimos en ser los dinosaurios de las redes sociales, probablemente porque es justo en ese medio en donde parece que todo cambia a la velocidad de la luz, y esa condición imposibilita que asentemos en esos medios una sensación de familiaridad, de estabilidad y de certeza.

Dicho esto, puede que sea justificable una revisión acerca de cómo sobrellevamos algunas de nuestras estrategias electorales en una época en la que parece que todo ha cambiado, excepto la forma en la que abordamos seriamente nuestros paradigmas de campaña. Incluso, si cabe, podríamos empezar por cuestionar la belicosa terminología con la que solemos referirnos a nuestras tareas, particularmente en un contexto en el que el lenguaje es profusamente cuestionable en sus connotaciones.

* * *

Las campañas de color no son una novedad en la actividad electoral y no pretendo descubrir el hilo negro al respecto. Sin embargo, no hay un esfuerzo por integrar estos nuevos «modos de ser» electorales bajo un mismo paradigma o modelo que permita que otros consultores y equipos de campaña entiendan el fenómeno como una estructura coherente de conceptos y prácticas.

La campaña de Barack Obama, sin duda, ha sido un parteaguas que rompió con todos los moldes que conocíamos sobre el modo de hacer proselitismo político. Pero desde la elección de Obama en 2009 han pasado casi quince años y eso, en términos de evolución de las redes sociales, representa un universo de tiempo en el que se han sucedido cambios significativos. El más notorio, tal vez, es el de la aparición de las Inteligencias Artificiales, una caja de Pandora de la que todavía no podemos aventurar conclusiones pero que, sin duda, serán las que provoquen el siguiente salto cualitativo en las campañas electorales. Asumo que no tendremos que esperar demasiado, por más que ese salto de calidad dependa, irónicamente, de que la inteligencia artificial deje de parecerlo y termine por parecerse más a la inteligencia humana, con todo y sus hermosas fisuras.

Así de rápido parece que avanza todo, mientras los consultores electorales nos sentamos a ver pasar la vida como si el mundo se detuviera ante nuestros caprichos prehistóricos. Por eso he buscado la manera de organizar estas prácticas que ya existen e incorporarlas a un paradigma que sea el punto de partida para quienes deseen profundizar en su análisis y, sobre todo, en el desarrollo de nuevas estrategias que le otorguen un sentido práctico y una razón de ser, con la esperanza de que su evolución no sufra el anarquismo de otros modelos de los que hoy recordamos poco o nada.

* * *

En todo esto pensaba, pues, cuando me propuse escribir este libro acerca de cómo repensar un modelo de campañas electorales que se ajustara en ese territorio liminar entre la técnica y la inspiración, entre el rigor metodológico que exige una campaña con objetivos concretos, y la necesaria intuición que nos permita mantenerla en el terreno humano. Si se me permite la imagen: una especie de ajedrez en donde las emociones tengan el mismo protagonismo que la inteligencia. Y agregaría: un cambio de paradigma absolutamente humano, con márgenes de mejora, con fisuras, uno que no se parezca –en absoluto– a ningún modelo de los que hoy abundan tanto y que intuimos que guardan un tufo a ChatGPT o a alguna de las recientes inteligencias artificiales; en el fondo, tengo la sensación –ese gesto que me comprueba que sigo siendo humano– de que cualquier modelo de campaña electoral terminará conectando mejor con los electores y electoras si depositamos en él un porcentaje de guiños terrenales, mortales, humana y bellamente imperfectos.

Por lo demás, esto es consistente con lo que siempre he pensado acerca de mi área de acción profesional: el hecho de que la consultoría electoral es mitad ciencia y mitad arte. Mitad ciencia, porque descubrir los deseos y las motivaciones que gatillan una decisión electoral es un tema en el que confluyen estudios de todo tipo, particularmente sociológicos y psicológicos, pero también algunos de naturaleza fisiológica y cognitiva. En el fondo, estos estudios nos dicen poco o nada si no intuimos la manera en la que pueden embonar con nuestros propósitos de campaña. Y, claro, no podemos dejar pasar de lado el hecho de que las campañas modernas dependen, cada vez más, de un sinfín de datos que nos proporciona la tecnología; una correcta metodología en la interpretación de esta información es fundamental cuando se trata de tomar decisiones basadas en evidencias cuantificables, más ahora, cuando las redes sociales nos proporcionan una cantidad importante de información para perfilar nuestras campañas y, también, nos ofrecen poderosas herramientas de seguimiento para conocer la manera en la que funcionan –o no– nuestros esfuerzos electorales.

Y creo –presiento– que la consultoría tiene su proporción de arte, uno que puede ser leído como intuición y como magia, pero que, con independencia del modo en el que podamos adjetivarlo, está inherentemente unido a la capacidad creativa de las y los consultores. Y sí: se trata de una creatividad que, al menos por ahora, no parece que pueda ser sustituida por la inteligencia artificial, tan abundante en clichés y en lo que Kenneth J. Gergen llamó «pastiches»: una especie de revoltijos conceptuales y prácticos envueltos en brillos de novedad que, sin embargo, son tan sólo una insípida ensalada; bella por fuera, pero insulsa por dentro.

En *Campañas de color*, pues, espero bosquejar –al menos– mi idea de un nuevo paradigma de campañas electorales, uno que inicie cuestionando las fórmulas actuales y que termine definiendo las líneas generales para aprovechar los medios y las tecnologías del presente, pero sin dejar de lado los medios tradicionales ni abandonar nuestro toque humano, ese que nos permitirá abrir una conexión entre las y los candidatos y su universo de votantes. Propongo un cambio de paradigma viable, no una quimera ni un rompimiento con el pasado, sino un arquetipo que es posible hoy más que nunca, un puente por el que podamos cruzar pacíficamente reconciliando lo útil del pasado y las infinitas posibilidades del futuro, porque las redes sociales han aportado un toque de conectividad nunca antes imaginado y que facilita nuestros propósitos más ambiciosos, más visionarios y más alucinantes.

Y sugiero que es importante y urgente hacerlo, porque pareciera que no estamos siendo lo suficientemente rápidos para adaptar nuestros esquemas de campañas a los tiempos actuales y a los electores y electoras de un siglo que está por entrar a su segundo cuarto. Pareciera que, como en la película *El odio*, todo va bien mientras caemos, hasta que sentimos el golpe que nos avisa del fin del vuelo. O, como lo escribiera el poeta Pedro Goche: «Dos cayendo a la misma velocidad parecen estar quietos». Así, equipos de campaña y candidatos, podrían estar sintiendo que flotan alegremente, cuando en realidad sólo están cayendo.

A. VENGO DEL FUTURO... Y TODO SE PARECE AL PASADO

CAPÍTULO 1.
UNA DECONSTRUCCIÓN NECESARIA[3]

Toda vida es un proceso de demolición
Scott Fitzgerald

Si viviéramos, por ejemplo, en 1980, y nos cruzáramos con un viajero del tiempo, es probable que quisiéramos preguntarle las cosas más dispares sobre cómo es la

---

[3] Tomaré aquí la noción de deconstrucción en el sentido en el que aparece en el diccionario de la RAE, como «Desmontaje de un concepto o de una construcción intelectual por medio de su análisis». Mi intención en este capítulo es sopesar la necesidad de desarmar y reconstruir al menos tres nociones que hemos usado durante décadas sin apenas cuestionarlas. Por una parte, la terminología belicista que usamos en la actividad electoral; por la otra, cuestionar los métodos –en parte anticuados– que seguimos usando; y, por último, polemizar acerca de si ha de modificarse, en general, el actual paradigma de campañas electorales, para reconstruir uno que favorezca la inserción de las redes sociales en un mundo en el que cada vez realizamos más tareas en la virtualidad. En última instancia, guardo la creencia de que las *campañas de color* son la respuesta a esta deconstrucción necesaria.

vida en, pongamos por caso, el año 2024. Tal vez haríamos preguntas sobre las que muchos tenemos curiosidades ancestrales, por ejemplo: ¿Cómo es la vida 44 años después de este año en el que estamos? ¿Hay autos voladores? ¿Hay vida más allá de la tierra? ¿Hemos logrado contactar a civilizaciones de otros planetas? ¿Hemos curado las enfermedades incurables de 1980? ¿Los robots humanoides son una realidad? ¿Le han dado, por fin, el Nobel a Borges? A mí, en lo particular y pese a que en ese año apenas habría tenido dos de edad –no seamos quisquillosos con la imaginación de un niño–, me gustaría preguntarle algo más concreto: ¿cómo son las campañas electorales en 2024? Para sorpresa de mi yo de hace 44 años, es muy probable que su respuesta fuera tan lacónica como cierta: casi iguales que en 1980.

* * *

En el año 79 d.C. la bahía de Nápoles se vio sorprendida por la erupción del volcán Vesubio que sepultó a Pompeya debajo de una gruesa capa de 25 metros de ceniza. Ahí, por siglos, esperaron a ser redescubiertos los testimonios de las campañas electorales que ahora nos dicen cómo era esa parte de la vida democrática hace dos mil años. Lo curioso, si queremos decirlo con una suave perífrasis, es que esas campañas de hace veinte siglos guardaban cierta similitud con las que ahora mismo siguen vigentes en muchas partes del mundo.

De acuerdo con Thomas Schaumberg[4] era una práctica común recibir a los seguidores en la casa del candidato, organizar recorridos al foro y utilizar los muros de la ciudad como ventanas mediáticas en las que podían leerse incitaciones de todo tipo como:

- Vesonio Primo solicita la elección de Gneo Helvio como edil, un hombre digno del ejercicio público.[5]
- Haced a Lucio Cesernino duumviro quinquenal de Nuceria, os lo ruego. Es un buen hombre.

Y, si se quiere, las había de todos los colores, al estilo de las campañas laterales de la actualidad o, si se prefiere, al modo de los programas de chismes con más audiencia. Para ejemplo:

- Me he meado en la cama. Lo confieso, he cometido un pecado, pero si me preguntas, hospedero, la razón, te diré: no tenía orinal.
- Quienquiera que hace el amor con chicos y chicas sin límite ni medida no administra bien su dinero.
- Restituto ha dejado insatisfechas a muchas chicas.
- Un pequeño problema se hace grande si se ignora.
- Atimetus me dejó preñada.

---

[4] Schaumberg, Thomas. *¿Qué podemos aprender de las campañas electorales en la antigua Roma?* En: Diálogo Político. Disponible en: https://dialogopolitico.org/edicion-especial-2022-campanas-electorales/que-podemos-aprender-de-las-campanas-electorales-en-la-antigua-roma/

[5] Las citas, así como la referencia al nomenclátor, han sido tomadas de *La campaña electoral en la antigua Roma: así era la pegada de carteles.* Disponible en El Economista: https://www.eleconomista.es/historia/noticias/9548526/11/18/La-campana-electoral-en-la-Antigua-Roma-asi-era-la-pegada-de-carteles.html

Todo valía en los miles de grafitis encontrados en Pompeya, los que, para más, se hacían prácticamente de idéntica forma a como se hacen en la actualidad: pedir permiso al dueño del muro, contratar a un empleado para blanquearlo y contratar a uno más para hacer la pinta con el mensaje deseado; si el muro se tomaba de modo ilegal, había que contratar, además, a un alumbrador que permitiera hacer la tarea de noche, de la manera más clandestina posible.

Las campañas electorales de la época eran, como es de suponerse, a tierra. Sin las ventajas que ahora ofrece la mediación digital, eran indispensables los talentos del hombre, incluso los más impensados. Por ejemplo, en esta época tiene especial importancia la figura del nomenclátor; esclavos con especial talento memorístico que acompañaban al candidato para susurrarle el nombre y el historial de las personas a las que éste se acercaba a saludar y a pedir su voto, sabedores de que un trato personalizado aumentaba las probabilidades de que los ciudadanos, henchidos en su ego de ser reconocidos, votasen a su favor.

¿Demasiadas similitudes con las campañas actuales? Volvamos a lo que escribe Thomas Schaumberg en *¿Qué podemos aprender de las campañas electorales en la antigua Roma?* De acuerdo con Schaumberg, las elecciones estaban presentes en la vida pública de Roma, ya que su periodicidad era recurrente y cada año se reciclaba un nuevo periodo de campañas, elecciones y gestión, por más que se realizaran en un ambiente de libertad parcial e injusticia, porque las mujeres, los esclavos y los extranjeros estaban excluidos de ser votantes, y la posibilidad de ser candidato estaba, en parte, ligada a la posesión de cierta fortuna, y el sistema electoral favorecía, como era de esperarse, a la élite. Nada nuevo, pues, aunque sepamos que esto pasaba hace dos mil años.

* * *

En países como México, muchas de estas prácticas resultan cotidianas y parecen más una tradición electoral que una estrategia válida. No se concibe una campaña electoral sin la recurrencia de ciertos rituales como los mítines en los que se pretende mostrar el apoyo popular y en los que se manejan cifras cada vez más absurdas. ¿Meter a tres millones de personas en el Zócalo de la Ciudad de México? Es posible, siempre que la ingenuidad de los votantes vaya acompañada de una narrativa extrañamente seria y con cifras dudosamente técnicas. No es raro que en X (Twitter) encontremos estas alucinantes afirmaciones ofrecidas por las cuentas oficiales de personajes que se presumen serios, exgobernantes, científicos y académicos en eterno año sabático; o ciudadanos que, de la nada, han saltado a la palestra de los influencers con suficiente autoridad para disparar cifras y datos concluyentes. Y sí, si buscamos lo suficiente, encontraremos que alguien ya ha afirmado que es posible meter a tres millones de personas en la superficie del Zócalo, apenas a un lado de publicaciones que afirman que la tierra es plana y que las vacunas contienen microchips para controlarnos.

Las pintas, como se le conoce coloquialmente a los grafitis políticos, tampoco han cambiado demasiado, y tampoco lo han hecho otras manifestaciones de campaña, como las descalificaciones o los comités de barrio que hacen las veces del nomenclátor romano, de suerte que podemos intuir que una parte sustancial de las campañas que desarrollamos siguen teniendo reverberaciones de la antigüedad.

Para Pipa Norris, las campañas electorales premodernas (siglo XIX hasta 1950) prácticamente carecían de elementos tecnológicos, por lo que los votantes consumían elementos impresos, ya fuera que se tratara de panfletos o de grafitis. Por esta razón, su alcance era limitado y dependían, en gran medida, de la movilización de las bases partidistas.

En tanto, la etapa moderna de las campañas, que Norris sitúa entre 1960 y 1980, se caracterizan por la llegada de la televisión al ámbito electoral, haciendo que el impacto de las campañas, así como su alcance y costo, aumenten considerablemente. Ante el aumento de la complejidad, tanto en tecnología como en alcance, una parte sustancial de las campañas empieza a ser delegada en expertos del área publicitaria. En esta época se sitúa la aparición de los primeros debates, las encuestas, las conferencias de prensa, las sesiones fotográficas y el concepto del votante indeciso. Pero sucede, también, algo aún más importante: ante el reinado de la televisión y la posibilidad de lograr un alcance masivo, el político se aleja sustancialmente del votante. Si bien durante la época premoderna el contacto era una condición propia del estilo de hacer campañas, en la época moderna la televisión parece alejar al candidato para que todo el mundo lo vea un poco de lejos, con la esperanza de que un buen lema logre crear la sensación de empatía y proximidad en el votante.

La etapa posmoderna (a partir de 1990), caracterizada por su viraje tecnológico hacia las redes sociales, viene a rellenar los huecos que las dos primeras etapas asomaban, ya que subsana el poco alcance de las campañas premodernas, y lo hace sin perder ese hilo de contacto con el votante. Y además lo hace sin que las campañas electorales se desangren en recursos y con herramientas de segmentación y seguimiento inimaginables para la televisión, la prensa o la radio.

La pandemia de Covid-19 puso a prueba a muchos sectores, entre ellos a los consultores electorales, que en México tuvieron que enfrentar unas campañas intermedias (las de 2021) mientras el país veía cómo aumentaban las hospitalizaciones y los decesos por el virus del SARS-CoV-2. Limitados de hacer movilizaciones en tierra y sujetos a un estricto control de gastos que la sociedad –y en especial los desempleados de la pandemia– observaba a detalle, los estrategas políticos vieron en internet y las redes sociales un aluvión de posibilidades para hacer llegar sus mensajes a los votantes, sin exigirles salir del obligado aislamiento y sin caer en la tentación de hacer gastos excesivos, que en ese momento serían absolutamente mal vistos para cualquier aspiración política.

Pero no se trataba sólo de tener la pericia suficiente para migrar de las campañas a tierra y de los medios –la televisión, la radio y la prensa– al internet y las redes sociales; quienes lo entendieron de ese modo se llevaron una sorpresa al ver que los resultados positivos no aparecían. Y es que hay un detalle emocional que pocos han sido capaces de ver y que se fue gestando silenciosamente durante la pandemia: en este periodo el mundo experimentó una necesidad de «finales felices». Desde el punto de vista de los contenidos, esto significa que la sociedad pide un giro en el ánimo de lo que consume, posiblemente agobiada por lo que significaron el miedo al contagio, el aislamiento y la pérdida de casi 15 millones de personas en el mundo, según algunos cálculos oficiales publicados por Naciones Unidas[6]. Desde el punto de vista de las campañas, esto significa que, hoy más que nunca, los ciudadanos están poco interesados por los contenidos estrictamente de orden político; quieren sentir que del otro lado del mensaje hay un ser humano real con el que pueden empatizar y en el que pueden reconocerse. Y, sobre todo, quieren consumir mensajes de optimismo y mantener fuera de sus ámbitos más íntimos las malas noticias que durante al menos dos años les mantuvieron agobiados. Y desde el punto de vista de las campañas, eso significa que los estrategas hemos de

---

[6] Cálculos de la ONU basados en información entre el 1 de enero de 2020 y el 31 de diciembre de 2021. Disponible en: https://www.un.org/es/desa/las-muertes-por-covid-19-sumar%C3%ADan-15-millones-entre-2020-y-2021

ser capaces de crear mensajes que empaticen con el nuevo estado de ánimo de los votantes, no sólo de manejar con virtuosismo técnico el algoritmo de las redes sociales, sino de manejar el fino arte de crear con ellas una sensación de calidez humana.

Imaginemos ese terrible periodo por el que todos pasamos de modo inevitable, y en el que nuestros familiares más cercanos se van despidiendo de nosotros, sea por temas de edad, enfermedad o tragedia. Empezamos a sentir la fatiga de la vida, creemos que hemos entrado a un tobogán infinito del que ya no saldremos porque vemos con pesadez que las malas noticias no dejan de sucederse. De repente, nos damos cuenta de que todo ha tomado su cauce y entramos en un impasse de calma. Nuestro corazón y nuestra mente aceptan la paz que parecía no volver, y empezamos a consumir aquello que nos regresa nuestro sosiego interno. Rechazamos ver aquella densa película sobre un niño huérfano que sobrevive a las calles de un barrio en Pakistán y que critica la desigualdad del capitalismo. En cambio, preferimos ver esa vieja película en la que Adam Sandler actúa como si le extirparan una parte del lóbulo frontal y de a poco vamos sintiendo que sus chistes tienen sentido. Nos acercamos a ese familiar del que estábamos distanciados, nos tomamos las cosas con tanta armonía como nos es posible y, en síntesis, anhelamos que la vida se parezca más a ese momento de placidez que nos aleja del periodo de tragedia. Fernando Savater lo dijo, de un modo incluso poético, en alguna conferencia en la que aseguró haberlo escuchado en una milonga: «muchas veces la esperanza sólo son ganas de descansar».

Las y los votantes del periodo postpandemia no desean que entremos a sus hogares con la pesadez de un discurso acartonado ni con el pesimismo del pasado. En cambio, desean consumir contenidos optimistas que les recuerden que hay alguien en su distrito capaz de empatizar con sus aspiraciones vitales, compartiendo sus trivialidades y haciéndolo desde plataformas en donde puedan sentirse parte activa de un proceso en el que no quieren ser sólo instrumentos decorativos. Este es el espíritu que intento mantener en las entrañas de las campañas de color: el de conectar con las y los electores no sólo a través de los medios digitales, sino también a través de mensajes que logren llegar a su propio núcleo emocional –incluso desde medios tradicionales–, ahí en donde la decisión de un voto se va desarrollando sorda y firmemente sin el agobio de la disonancia cognitiva que nos provocan las viejas campañas.

* * *

Durante la primera campaña electoral de Bill Clinton, en 1992, el candidato apareció en el programa de Arsenio Hall y lo hizo fuera de todo el protocolo de seriedad que los aspirantes mostraban hasta entonces. El público pudo ver a un Clinton que usaba gafas de sol y tocaba el saxofón, muy al estilo de The Blues Brothers[7], y generando instantáneamente la construcción de un personaje cálido que hubiera sido imposible edificar con el método de los discursos. Esa imagen, una mixtura novedosa que resultaba en un poderoso cóctel mediático y que mostró las primeras señales de lo que sería el político del siglo por llegar, se volvió parte esencial de la campaña de Clinton y convocó a los votantes que normalmente mostraban desinterés por los temas estrictamente políticos. De esa escena a la campaña de Barack Obama y al reality show de Donald Trump, sólo hubo un pequeño paso.

En el camino, la escena del Clinton saxofonista, nos demuestra también que no todo está definido por el canal (la televisión, en este caso), sino que podemos desarrollar modelos de mensaje que trastoquen el orden establecido y causen un impacto vigoroso y positivo en la audiencia mientras tengamos claro nuestro paradigma comunicativo. Llevado al terreno del arte, lo de Clinton fue una especie de *Fuente* de Duchamp en el terreno político[8]. Bastó que el político saliera de su acartonado entorno y de su flemática

---

[7] Película de 1980, traducida al español latino como *Los hermanos caradura*, y como *Granujas a todo ritmo* en España, donde ya sabemos que los títulos siempre pueden ser peores.

[8] En 1917, Marcel Duchamp presentó en la Sociedad de Artistas Independientes, su obra *Fuente*, un ready made que consistía en un mingitorio. El urinario es considerado un hito en el arte, ya que su exhibición demostró que un objeto cualquiera puede ser provisto de un nuevo sentido (en este caso un sentido artístico) si se le coloca en un contexto distinto del original. En 1982, la hermana de Duchamp encontró unas cartas en las que el propio artista aceptaba que la obra era, en realidad, un ingenio de la baronesa Elsa von Freytag, quien la habría firmado con el pseudónimo de Richard Mutt y enviado a Duchamp. La polémica, lejos de aminorar el valor del hecho, parece que amplificó la multiplicidad de sentidos que ya se le atribuía.

conducta, para que los electores vieran en él otras capas de sentido, más frescas, empáticas y cercanas a sus propias vidas. Por fin, un político bajaba de su bóveda celeste y cesaba su perorata ceremoniosa, ¿para qué? Para recordarnos que todos amamos tener un momento de música y distención. De paso, los analistas de ese pequeño acto encontraban que el paradigma de campaña de Clinton estaba sintetizado ahí, en esa escena en la que no vemos a un candidato ni a un político, sino a una persona cualquiera, tan similar al votante, que había en él una sensación de familiaridad y cercanía.

* * *

Tengo la impresión de que el mundo editorial se ha percatado antes que nosotros de las ventajas de las redes sociales y se ha adaptado con una velocidad vertiginosa a ese terreno. Incluso, han sabido crear plataformas que responden a esta nueva realidad en la que los contenidos han mutado, los sistemas de soporte han mutado, los lectores han mutado… y la manera de hacer campañas políticas sigue siendo un poco lo mismo.

Wattpad es una plataforma canadiense de literatura. Pero no de cualquier literatura, sino de una nueva lírica que nos confirma que estamos instalados en una época de nuevos paradigmas. En Wattpad se publican lo mismo historias románticas que novelas completas con personajes de la cultura K-Pop. La plataforma ha entendido muy bien hacia dónde se dirige el mercado de editorial y ha apostado por ir a la segura: el hecho de permitir que nuevas escritoras y escritores expongan gratuitamente sus obras, asegura que pueden medir anticipadamente el pulso de lo que podría tener éxito en el mercado editorial tradicional… y todo eso sin invertir un sólo dólar en imprimir novelas que podrían quedarse en una bodega antes de ser cremadas.

Creada en 2006 como una colaboración entre Allen Lau e Ivan Yuen, la plataforma ha experimentado un auge importante gracias a que los usuarios se sienten parte de la creación de las obras literarias, un aspecto que hasta hace poco constituía una actividad absolutamente íntima de los autores y autoras.

El fenómeno de Wattpad, además, ha evidenciado la necesidad de usar las redes sociales para la promoción de casi cualquier producto, incluyendo los electorales. En Ti-kTok, el hashtag #BookTok ya superaba los 164 millones de reproducciones apenas en 2020, y se calcula que la sub-comunidad cuenta con más de mil millones de usuarios activos al mes. En esta subcomunidad, los usuarios se en-focan en la creación de reseñas, así como en debatir y hacer parodias sobre los libros que leen, especialmente en géne-ros de ficción, fantasía, romance y literatura LGBT+. Los BookTokers, es decir, los creadores de estos contenidos, están teniendo cada vez más impacto en la promoción de libros, provocando que las editoriales les consideren parte fundamental de sus lanzamientos. ¿Podríamos desdeñar a una comunidad de más de mil millones de usuarios para la promoción de uno de nuestros productos? Indudablemente sería una locura. Y, sin embargo, puede que lo estemos haciendo.

* * *

Esther Sanz, editora de Titania, un sello de Ediciones Urano que publica novelas románticas, cree que *«la emergencia sanitaria y la situación excepcional que vivió el mundo a partir de 2020, hay "una necesidad de finales felices", de desconexión. "De un tipo de literatura que nos haga soñar" (…), y olvidar por un momento la crisis económica y geopolítica. "Y la novela romántica por definición es un final feliz».*[9]

Para cuando escribo este párrafo, la última semana de enero de 2024, NDP Group[10], una consultoría que hace investigaciones sobre contenidos, indica que entre enero y noviembre de 2023, 6 de los 10 libros más vendidos en Estados Unidos eran novelas románticas, un género que hasta hace no mucho era considerado literatura menor.

La gente, pues, quiere consumir contenidos más amables, reposar sobre una burbuja que les aísle, no sin su dosis de realismo, para sentir que nada puede ser tan dramático en la vida, ni siquiera unas elecciones en las que el destino podría estar en juego; los votantes parecen decirnos que quieren ejercer su derecho a la democracia con responsabilidad, pero sin tanto drama. En ese sentido, nuestros es-

---

[9] Disponible en: https://expansion.mx/empresas/2024/01/26/libros-romance-negocio-del-felices-para-siempre

[10] Ibidem.

fuerzos por sugerir el sentido de un voto, tampoco tendrán mucho éxito mientras persistamos en enviar a los ciudadanos mensajes de un patetismo que ya no están dispuestos a aceptar con la pasividad de sus antecesores votantes.

Del lado de los políticos y de sus consultores electorales, puede que esta sea una de las últimas advertencias de que la adaptación a esta realidad de las redes sociales y los mensajes de color, es ya inevitable. ¿O valdrá la pena abrazar la mentira y seguir suponiendo que podemos prescindir de estas plataformas o usarlas como aficionados? Tal vez sea el tiempo de migrar nuestro viejo paradigma de campañas a ras de tierra y en medios tradicionales, y aceptar que en la posmodernidad pueden convivir todos los recursos, en tanto que la preponderancia de las campañas en redes será, inevitablemente, mayor cada día. Y tal vez, por un momento, tengamos que detener nuestra ansiedad por la estrategia para construir un paradigma comunicativo que enmarque lo que deseamos conseguir con nuestras campañas. Una visión integral de lo que deseamos comunicar le dará coherencia a todo el andamiaje de campaña: mensajes coherentes que construyan personajes creíbles, estrategias lógicas que se alinean a los mismos objetivos, canales óptimos para el tipo de mensaje y consumidor y, por supuesto, mantener en el eje de todo nuestro sistema la idea de que estamos comunicando para consumidores de contenido que han mutado y que esperan un entorno de campaña en el que ellos también se sientan parte.

LA DECONSTRUCCIÓN DE LOS MÉTODOS

Como se verá, a lo largo de esta obra estará implícito el hecho de que los consultores políticos profesionales suelen constituir un pequeño nicho sobre el que los políticos avezados ponen su atención, pero los poco expertos son fácilmente engañados por quienes ofrecen fantasiosas metodologías y resultados fuera de toda lógica. En 1972, Maurice de Montmollin publicó la primera edición de su obra *Los psicofarsantes*[II], una aguda crítica a los métodos psicotécnicos empleados en la selección, la capacitación y otras actividades empresariales, llegando a la conclusión de que muchas de estas prácticas constituyen sólo una ilusoria justificación de las prácticas corporativas. Por increíble que parezca, la mayoría de esas prácticas de pseudomedición psicológica se siguen usando en el mundo; para más, las mismas universidades que incluyen programas de psicología, siguen usando estos test para sus programas de admisión. Algunos, como el test de Rorschach, han sido puestos en duda por una amplia comunidad de psicólogos. Y, sin embargo, las conclusiones a las que un terapeuta llegue con el uso de algunas de estas pruebas podrían mandarnos a usted o a mí al manicomio.

No pretendo hacer juicios de un área que no es la mía —y mucho menos quiero hacer mofa a costillas de que, en efecto, en casi cualquier profesión existen casos parecidos—, pero tengo la impresión de que la abundancia de campañas

---

[II] De Montmollin, Maurice. *Les psychofîtres,* 1972. Presses Universitaires de France.

propician, al menos en Latinoamérica, prácticas de asesoría política que no siempre se actualizan en cuanto a sus métodos, por más que algunas teorías sigan vigentes mientras son adaptadas con suficiente ingenio a la nueva realidad de las plataformas y de los votantes.

En concordancia con este eclecticismo de métodos, no siempre se obtienen los resultados esperados. En última instancia, algunos de los métodos que se siguen usando –tal como en la psicotecnia– podrían ser, al menos, de naturaleza dudosa, por más que en el discurso parezcan capaces de hacer que un lobo gane la elección en una granja de ovejas.

Me interesa subrayar, sin embargo, el hecho de que las campañas políticas, más allá de la terminología y de si se trata de una campaña con un matiz premoderno, moderno o posmoderno, han de estar respaldadas por un sistema de trabajo que refleje concordancia conceptual –idealmente que resista un análisis epistemológico, en el sentido de que las teorías convocadas guarden correspondencia–, una armonía de métodos, una abundancia suficiente de datos y, en última instancia, una cuantificación clara de los resultados. Eso no cambia y sigue siendo la llave para que el trabajo de los consultores electorales mantenga su valor, porque fuera de eso podríamos estar vendiendo una campaña placebo, con aparente impacto inicial, pero cuyos efectos, sabemos, terminarán inhabilitándose con el tiempo. En la práctica sucede y no hay que asombrarse, porque, así como con los métodos psicotécnicos citados por Montmollin, pasa también en nuestra área, en donde no es raro que veamos prodigios estériles: campañas que sobre el papel parecen oro, pero que en la práctica resultan una pirita bien maquillada. Los métodos actuales podrían no estar anunciando su avance, sino su deterioro definitivo.

* * *

Hago un paréntesis necesario para evidenciar cómo las estrategias de una campaña comunicativa han de estar alineados con un paradigma y no ser solamente esfuerzos sin correlación que, más que comunicar, podrían estar confundiendo a la audiencia. De paso, esto subraya el hecho de que las campañas electorales a veces carecen de un paradigma de comunicación, de teorías que sustenten sus estrategias y de una idea estructurada que vaya más allá de la creencia de que la mercadotecnia política es igual a cualquier otra. Quienes edifican sus estrategias de comunicación sin una razón clara, están lejos de poder explicar si el éxito de sus campañas es realmente una obra suya o una suerte del destino.

En su libro, *Estrategias de comunicación presidencial en México (1994-2018)*[12], Yolanda Meyenberg analiza los métodos usados por los últimos tres gobiernos federales de México para transmitir sus mensajes. Para Meyenberg, existen tres funciones de comunicación institucional: la persuasi-

---

[12] Meyenberg Leycegui, Yolanda. (2019). *Estrategias de comunicación presidencial en México (1994-2018)*. Ed. Universidad Nacional Autónoma de México, Instituto de Investigaciones Sociales. Disponible en: https://ru.iis.sociales.unam.mx/handle/IIS/5683

va, que busca que el ciudadano acepte las decisiones de gobierno; la informativa, que garantiza el acceso a la información y a la rendición de cuentas; y la función organizativa, que «se refiere a las estructuras y a las rutinas a partir de las cuales se desarrollan las labores de comunicación, además del conjunto de reglas y principios comunicativos que definen las distintas formas de trabajo». En su opinión, y este punto me parece sobresaliente, la función persuasiva ha ganado terreno por sobre las otras y ha levantado una densa capa de sentidos que se cierne sobre los tres actores de la comunicación política: los políticos, los medios de comunicación y la opinión pública.

En mi parecer, este cambio en el uso de la comunicación de gobierno obedece a que los políticos ahora se encuentran sumergidos en una especie de imperecedera campaña política; no es raro que veamos a un político saltando de la cámara de diputados a una campaña para senador, y luego del senado a una campaña por una presidencia municipal, y de ahí a la campaña por la gubernatura o que acepten una invitación al gabinete federal. No hay en el mundo un trabajo administrativo en el que las personas dependan tanto de la constante exhibición. Las redes sociales, por supuesto, han agregado su dosis de responsabilidad.

Sin embargo, lo que me interesa destacar del análisis de Meyenberg es el hecho de que para ella no bastan las estrategias de comunicación, sino que todo tiene que estar organizado alrededor de un paradigma comunicativo.

En el caso de Vicente Fox, el paradigma comunicativo consistía en pelear la agenda mediática mientras la figura cerril del presidente absorbía las críticas. Es decir: su personalidad desviaba casi cualquier crítica posible a sus acciones de gobierno, y así Fox estaba en el centro de la atención, pero no su gobierno.

En el caso de Calderón, la comunicación giraba en torno a él y a la supuesta lucha contra el narcotráfico, mientras que su estrategia se alejaba de la ambición de ganar la agenda mediática y eso, si bien exponía poco a la figura presidencial, también hacía que sus acciones pasaran desapercibidas. No está de más recordar que fue en su gobierno cuando se instruyó un plan para que los medios no dieran visibilidad al crimen organizado. En el fondo, el gobierno de Calderón ganaba un gran acuerdo con los grandes grupos mediáticos para invisibilizar la terrible guerra desatada contra el narcotráfico y que, hoy sabemos, encubría una realidad muy distinta en la que su secretario de seguridad colaboraba con los grandes capos de la época.

Por su parte, en Peña Nieto, el paradigma comunicativo giraba alrededor de su figura personal, sus atributos personales y el cuidado extremo de la figura presidencial, en cuyo caso sus apariciones públicas eran cuidadosamente organizadas y había poco margen para escuchar su propio pensamiento, ya que prácticamente todo estaba señalado en los discursos que su equipo preparaba.

Evidentemente, las estrategias comunicativas de los tres presidentes estaban diseñada en función de ese paradigma comunicativo, de ese «qué queremos comunicar, cómo queremos hacerlo, en qué principios nos basamos y para qué va a servirnos».

Por eso me parece que, como lo indico al inicio de este apartado, es esencial modificar nuestros paradigmas de campaña y alinear con éste nuestras estrategias, considerando el entorno de redes sociales en el que estamos envueltos y subrayando los cambios profundos que estas mismas redes han provocado ya en los formatos de los contenidos y en quienes los consumen.

Meyenberg nos subraya la importancia de un concepto de comunicación, un para qué vinculado a estrategias. En el caso de las campañas políticas sucede que pasamos por alto este hilo conductor y atiborramos los canales con mensajes de todo tipo que no guardan una coherencia de fondo. Puede que estéticamente guarden una similitud, pero sin un paradigma comunicativo terminaremos dando palos de ciego y distribuyendo recursos en actividades de poco valor para los fines de nuestras campañas.

En este punto, es importante no perder de vista que algunos consultores son profusos en teorías para fundamentar sus estrategias electorales y que muchas de esas teorías, si bien válidas, podrían no representar la realidad actual. Algunos, más ingeniosos, han sabido tomar de esas teorías aquello que les es útil y han logrado interpretarlas a la luz de los nuevos tiempos.

Por ejemplo, Donald Trump y Javier Milei son personajes difíciles de enmarcar en la corrección política. Directos, carismáticos en el buen y en el peor sentido, con posturas ideológicas claramente de derecha y al mismo tiempo sin una base teórica conocida, pragmáticos, estridentes… y siempre en el océano de la polémica en el que sus equipos de campaña naufragan para controlar los efectos. Durante sus respectivas campañas presidenciales, ambos aparecían abajo en la mayoría de las encuestas, pero todos sabemos que, al final, los resultados les favorecieron. ¿Por qué la mayoría de las encuestas fallaron al darlos como perdedores? La teoría de la espiral del silencio (Elisabeth Noelle-Neumann), tiene una explicación: según esta teoría, las personas tenemos cierta disposición a expresar nuestras opiniones basándonos en la percepción que se tenga sobre la popularidad de esas opiniones. Es decir, que mientras más populares y aceptadas sean las posturas, más engrasado estará el mecanismo para que las personas manifiesten su adhesión; en tanto que, si estos puntos de vista son notoriamente impopulares, tenderemos a no manifestarnos, por más que en nuestra intimidad estemos convencidos. Las personas, pues, también observamos las opiniones de los demás y actuamos de conformidad con ellas, tal vez en nuestro afán de no vernos aislados por una opinión. En este sentido, muchos de los votantes de Trump y Milei no aparecían en las encuestas, porque simplemente preferían no hacer públicas unas preferencias que en el ambiente flotaban con aire pestilente. En la intimidad de la urna, sin embargo, podemos decidir con nuestras más profundas convicciones, por más que un gusto culposo nos atribule.

* * *

El tema aquí es que la teoría de la espiral del silencio fue acuñada por Noelle-Neumann en 1974, cuando ni el internet ni las redes sociales existían, de modo que hay que ser prudentes cuando asumimos que estas teorías, pensadas en contextos diametralmente opuestos al actual, pueden ayudarnos a interpretar los fenómenos electorales. Y, en caso de referirnos a ellas, tendremos que ser capaces de leer entre líneas para inferir sus posibles aplicaciones en contextos más actuales. Por supuesto, creo que podemos confiar en esta explicación para entender los fenómenos de Trump y Milei, pero no tenemos indicios claros para saber cómo opera esta teoría en el contexto de las redes sociales: ¿los usuarios de las redes sociales también esconden sus preferencias, por más que el clima de opinión les sea adverso? ¿En esos canales, en donde sentimos más libertad de verter nuestras opiniones, también nos autoimponemos censuras? ¿Qué papel juegan en estas opiniones los familiares con los que compartimos nuestras redes sociales? ¿Las redes sociales en donde podemos tener personalidades anónimas (como X/Twitter) inhiben menos nuestras opiniones?

Desde mi punto de vista, la teoría de Noelle-Neumann aplica con vigencia, pero en las mediciones de la intención de voto puede que no hayan mirado hacia ella o no se hayan actualizado lo suficiente para calcular el ánimo que también privaba en las redes sociales (incluso que no hayan encontrado un modelo convincente para medir ese ánimo). Los usuarios de estas redes, sin duda, podrían tener opiniones distintas cuando se les cuestiona fuera de ellas y matizar en función de variables como si comparten sus redes con familiares o si su personalidad en ellas es o no anónima. Pero, sin duda, las redes sociales daban pistas de lo que podía suceder el día de las elecciones en cada caso. El seguidor trumpista, «Kayakerick», publicó un mensaje premonitorio al respecto:

«Somos la mayoría silenciosa y no respondemos encuestas, cuestionarios, llamadas automáticas, llamadas puerta a puerta, etc. Votamos (votaremos) en grandes cantidades el 3 de noviembre. Nos vemos en los lugares de votación»[13]

En términos de una campaña electoral, entender y sugerir aplicaciones modernas basadas en teorías de la comunicación —así sean de 1974—, nos ayuda a modelar un paradigma de comunicación consistente, sustentada y con claridad en sus propósitos. Y esto, en última instancia, es lo que ha de guiar nuestras estrategias. No hacerlo, convertirá nuestra campaña en una mixtura sin sentido, en un batido retórico y grandilocuente difícil de manipular, medir, corregir… y difícil de conectar con los votantes. ¿Deconstruir nuestro paradigma? Sugiero que, en este caso, los consultores electorales podemos empezar por replantear si tenemos un paradigma válido y sólido, y si nuestras estrategias de campaña obedecen a él o solamente diseñamos contenidos basados en la esperanza de que ese revoltijo de ideas supere la prueba de la simulación.

---

[13] *We are the silent majority and we don´t answer polls, questionnaires, surveys, robocalls, door-to-door calls, etc. We vote in huge numbers on november 3rd. See you at the voting places.* En: https://neuromarketing.la/2020/11/la-espiral-del-silencio-y-los-votos-secretos/

* * *

Desde que las campañas electorales se profesionalizaron, y en especial desde que se desprendieron de su origen mercadológico, no hay año ni periodo electoral en el que no aparezcan las biblias del éxito electoral. Con la proliferación de plataformas de publicación como Amazon o Kobo, la oferta de bibliografía que afirma tener la fórmula del triunfo, ha superado con creces nuestra capacidad de discriminar entre los textos propositivos y los que sólo exponen más de lo mismo: una manera de hacer campañas políticas a la romana. Pasamos por alto el hecho de que creamos contenidos para un público muy distinto del de hace apenas diez o veinte años. Si usted diseñó una campaña hace dieciocho años, ha de tomar en cuenta que ahora mismo hay votantes con una mentalidad completamente distinta de la que usted observó en ese entonces; estos modernos electores no conocen otra manera de ver el mundo sin internet, sin plataformas como YouTube o Netflix, sin teléfonos móviles, sin compras en línea, sin apps, sin WhatsApp y sin redes sociales. ¿Qué podemos ofrecerles a estos nuevos consumidores de contenido que vaya más allá de lo que les hemos ofrecido toda la vida a los votantes de la prehistoria? ¿Podemos seguir confiando en los grupos focales y en los estudios de opinión pública mientras las redes sociales son el escenario de una nueva opinión pública? ¿Deberíamos de seguir confiando en los mítines como indicadores de músculo electoral? En eso consiste este ejercicio de replantear nuestros paradigmas de comunicación electoral: en aceptar que el mundo ha cambiado a un ritmo nunca antes visto, y en ser capaces de adaptar nuestras ideas, nuestras herramientas y nuestros medios, para que la selección natural pase por nosotros y podamos sentirla como una suave brisa y no como un huracán terrible.

LA DECONSTRUCCIÓN DE LA TERMINOLOGÍA DE CAMPAÑA

Somos animales de guerra. Desde que la humanidad tiene registro de su memoria, no hay prácticamente un periodo que se salve de ser narrado entre la devastación de una cruzada. Pero puede que esté usando una generalización en vano y, tal vez, convenga matizar un poco: el hombre es un animal de guerra, su animosidad impregna cada una de las cosas en las que se empecina y puede que, muy en el fondo de ese vigor sobrevalorado, haya algo de sentimiento primitivo: ¿qué hace que el hombre –como género, no como especie– se entregue con esa particular violencia a ciertas tareas que él mismo impregna de méritos tan singulares?

Supongo que nuestra civilidad está sobrevalorada, y eso es lo que hace que nos convirtamos en guerreros por la lucha de un carrito de lavandería o por un pastel en pleno 10 de mayo. O que, distraídos en nuestros afanes bélicos, terminemos por asignar una terminología militarista a cosas tan ajenas como la política. Es cierto: todo nuestro lenguaje no es sino una metáfora de las cosas y nadie cree que las patas de una silla sean realmente patas, pero estas metáforas también empapan de un sentido pragmático a las cosas que nombran y tendemos a asumir cierta conducta frente al modo en que nosotros mismos asignamos a las cosas. No en balde la polarización que vivimos en la vida política actual, que empieza con el desacuerdo sobre un tema conceptual y termina transformándose en la violencia física que acabará en los noticieros de hoy en la noche, o en los videos virales que reproduciremos miles de veces en las redes sociales.

No es que se trate de un fenómeno aislado de ciertos países, ciertas culturas o ciertas condiciones temporales: en Pakistán, un opositor y un parlamentario debaten en vivo por televisión nacional cuando, repentinamente, incapaces de aceptar los argumentos del otro, se van a los golpes. Un *live* con tanto éxito en redes sociales, como el juicio entre Johnny Depp y Amber Heard, aunque sin escenas de coprofilia, celos o miradas de amor tóxico. Será difícil que recordemos los nombres de Afnan Ullah Khan y Sher Afzal Khan Marwat, estos célebres peleadores amateurs, pero su fama quedará para la eternidad en YouTube.

El Parlamento turco también tiene lo suyo: hay un largo historial de peleas con malas coreografías, indignas de una verdadera pelea callejera, pero que al final no sonrojan por la falta de pericia que tienen sus políticos para levantar la guardia y evitar terminar con la nariz rota, sino por la frecuencia con la que suceden.

En Taiwán no se quedan atrás, o en Ucrania... Pero, si se tiene la suficiente paciencia para buscar en internet, estos casos se repiten también en Estados Unidos, Canadá y, por supuesto, en América Latina.

Un club de la pelea en toda regla, aunque sin el carisma de Brad Pitt y con actuaciones tan malas que ni Ed Wood aceptaría dirigirla. Para hacer una analogía futbolera, nuestros políticos no se acercan a un Roy Keane en plenitud, o a un Eric Cantona ejecutando su célebre patada voladora contra un aficionado, mucho menos a ese portento de violencia y drama llamado Vinnie Jones. Frente a ellos, nuestros políticos son como niños que se sacan la lengua, pero cuyo berrinche tiene implicaciones mucho más profundas que las que supondría la célebre patada de Roy Keane a Alf Inge Haaland (el padre del actual jugador del Manchester City) y que terminaría por retirarlo del fútbol profesional.

Claro, la «batalla» política es así en virtud de todo lo que en ellas se juega; desde el «cuarto de guerra» de los candidatos y candidatas se puede presuponer un cierto margen de belicosidad esperable, y no es vano que cuando hablamos de procesos electorales nos refiramos a ellos como «campañas», igual que nos hemos referido históricamente a las expediciones militares. Lo dicho: somos animales de guerra, no sólo animales políticos como lo creyera Aristóteles, por más que tratemos de blanquear nuestra condición con otro término cuando, moralizados por los chistes subidos de tono, decimos que algo es «políticamente incorrecto». Sí, en determinados momentos la ironía del lenguaje nos recuerda que, por inverosímil que parezca, los políticos pueden –también– ser la medida de algo ejemplar.

Entre la política y la guerra hay mucho en común, y lo hay también entre le guerra y las campañas electorales. No en vano Francisco José Ruiz González afirma que:

…a pesar de que la moderna tecnología militar ha revolucionado, la mayor parte de las dimensiones materiales de la guerra desde el siglo XIX, la lógica de los conflictos permanece básicamente inalterable. Esto explica porque obras como «De la guerra» de Carl von Clausewitz y «El arte de la guerra» de Sun Tzu permanecen como relevantes marcos conceptuales para el estudio de la política y la estrategia incluso en nuestros días[14]

Las campañas políticas tienen algo de las campañas militares y podemos presuponer que de ahí toman su nombre. En ambas hay de por medio la conquista territorial, la defensa de lo obtenido y la posibilidad de una expansión de la influencia y los recursos. Tal vez, en lo que más se asemejen ambas actividades como para justificar plenamente que se use el mismo término para referirles, es en el hecho de que en ambas se pone un empeño sobrehumano: se mueven tantos recursos, tantas voluntades y tanta adrenalina como sea posible con tal de ganar esa batalla por el poder. En contraparte, puede que ambas actividades se distancien una de la otra en el sentido menos esperado; puede incluso que sea un poco cínico que un consultor

---

[14] Ruiz González, José Francisco. *Estrategia militar y política: temas teóricos y aplicación práctica.* En: Boletín de Información (Ministerio de Defensa de España). N°. 308, 2009, págs. 29-52. Disponible en: https://dialnet.unirioja.es/servlet/articulo?codigo=3090612

político lo escriba, pero tiendo a creer que las campañas de guerra son meticulosamente estratégicas, mientras que en las campañas políticas que carecen de profesionales, podemos esperar un gran porcentaje de improvisación, falta de rigor y demasiado humo.

* * *

Puede que estemos a tiempo de revalorar la terminología que usamos para la política, y empecemos por deconstruir desde el lenguaje lo que se supone que debe ser un espacio de diálogo civilizado y representativo. Si bien es indudable este carácter belicista en la terminología política, también lo es el hecho de que las campañas son un logro de las democracias; no podemos concebir una batalla electoral si no es en un entorno de competencia plural, tolerante y en condiciones de cierta libertad de credo y acción.

Ahora, esto tampoco significa que en tales condiciones la democracia sea, al mismo tiempo, una plenitud de justicia electoral y mucho menos un paraíso donde las mayorías toman las decisiones que les afectan. Muy al contrario, no podemos pasar por alto el hecho de que en las democracias florecen todo tipo de libertades, incluidas aquellas que se constituyen como poderes fácticos, poderes cuya influencia –a veces– van más allá de lo que el propio poder político supone.

En México, por ejemplo, la influencia política que ejercen los medios de comunicación y algunos empresarios, está por demás documentada. Por supuesto, no se trata de una influencia gratuita ni exenta de dudas legales y morales, sino de una práctica que genera grandes cantidades de dinero público en las arcas de esos negocios privados, no sólo por lo rentables que resultan las campañas políticas, sino –también– por los jugosos contratos de gobierno que se pueden ganar en condiciones de favoritismo. Parafraseando el *Nocturno a Rosario*[15] de Manuel Acuña: «y en medio de nosotros, la corrupción como un Dios».

La política, es cierto, es una actividad ampliamente denostada. Incluso, persistentemente agraviada por sus propios histriones (malos cómicos, a veces), y ese hecho subraya la necesidad de que la terminología que usamos durante las campañas no sea un elemento más que abone a esta deshonrosa concepción. En una época en la que todo es cuestionable y cancelable ¿valdrá la pena agregar una losa más a la, de por sí, ardua tarea de dignificar la imagen de un candidato? No se trata, pues, de un asunto insustancial o de una chulería intelectual, sino de una exigencia de los tiempos.

---

[15] ¡Que hermoso hubiera sido / vivir bajo aquel techo / los dos unidos siempre / y amándonos los dos; / tú siempre enamorada, / yo siempre satisfecho, / los dos, un alma sola, / los dos, un solo pecho, / y en medio de nosotros / mi madre como un Dios!

CAPÍTULO 2.
TE VENDO UNA CAMPAÑA

Cuando no somos capaces ya de cambiar una situación, nos enfrentamos al reto de cambiar nosotros mismos.
VIKTOR FRANKL

ADÁN GARZA, LEÓN INDOMABLE

ADÁN GARZA, CANDIDATO DEL PARTIDO TRADICIO-nal Único de Mextitlán (PATUM), aparece en una revista cuya existencia se remonta al mes pasado; es el primer número de un magazine cuyo lanzamiento coincide –casualidades de la vida– con el inicio de las campañas electorales. Adán Garza aparece sonriente en el lanzamiento de *Caudillos Latinoamericanos*, la revista nacional con un tiraje de 100 mil ejemplares gratuitos a todo color, y que lo mismo publica notas de política que deportivas, de cultura y sociales, aunque es evidente que todas son notas compradas a agencias, con excepción del artículo que promueven en la portada. Por caprichos del azar, eligieron a Adán para su número de lanzamiento, ¿la razón? Porque es un líder, un caudillo, una cabeza de manada y un paladín de la democracia. No hay en el país uno más líder que él; si la redactora hubiera tenido un poco más de arrojo, lo habría definido como *«un león de espíritu indomable, capaz de guiar a una muchedumbre en medio del desierto hasta encontrar agua».*

El equipo de fotógrafos de la revista, así como una reportera anónima, se desplazaron desde la sede de la revista en el lejano pueblo de Totoyoc (en realidad, una finca deshabitada) hasta la Ciudad Distrito Capital, para entrevistar al que muchos creen que será el próximo presidente del país; Adán Garza destila confianza en las fotos, incluso se ve guapo, porque la determinación —dicen— es un perfume al que no se resisten los y las votantes. No hace falta decir que la revista ha pagado miles de espectaculares a lo largo del país; las principales capitales se han convertido en un rompecabezas de anuncios en los que Adán, y no la revista, es la figura, igual que los filetes son los héroes en un bufé de ensaladas. En una imagen aparece alegre con la camiseta de la selección nacional de fútbol, en una afortunada instantánea posterior al partido en el que su país le metiera ocho goles a la selección de Guyana; una proeza que el candidato celebraba presumiendo su recién blanqueada dentadura y su piel extrañamente rejuvenecida por el éxito, la felicidad y su repentina visita a una clínica en Miami. *«Exploraremos la fascinante vida de un político al que todos aman, admiran y al que le confiarían sus ahorros, sus hijos y la contraseña del celular»*, inicia el reportaje que, como es obvio, es tan objetivo como presume ser la ciencia positivista, y frente al cual el mismísimo Augusto Comte se arrodillaría para levantarle un templo y una religión. Monoteísta, por supuesto. En un remate digno del estadista que es, Adán Garza declara, en un perfecto arrebato de espontaneidad discursiva, que en su gobierno *«…vamos a coadyuvar para que existan condiciones de resiliencia, porque no queremos ser rehenes de la retórica de antaño ni de los intereses ajenos a nuestra soberanía. El pueblo tiene hambre de justicia social, por eso mi lucha es por el progreso, la unidad nacional y los intereses supremos de la nación».* No hubo aplausos, porque en los medios impresos no pueden meter grabaciones, pero, de haber existido la tecnología que lo hiciera posible, es seguro que los editores habrían agregado loas, cohetones y una cortinilla musical algo pegadiza.

Superadas las elecciones, la flamante revista *Caudillos Latinoamericanos* desaparecerá misteriosamente; nadie sabrá explicar de dónde salieron tantos recursos para su efímera existencia, y sus fantasmales accionistas habrán corrido con tantos zigzagueos que será imposible tener certeza sobre las razones que tuvieron para invertir tal cantidad de dinero en un proyecto tan corto. Los pobres habrán perdido dinero, pero ¿a quién se le ocurre regalar cien mil ejemplares a todo color y pagar miles de espectaculares con la figura de un político que representa las peores mañas del poder latinoamericano? Fueron ingenuos, sin duda, porque nadie pensaría –ni el más punzante de los intelectuales que escriben cada día en *La Verdad Nacional,* el periódico más vendido en el país– que todo se trataba de una burda acción de campaña que servía, al mismo tiempo, para desviar recursos, haciendo creer al Instituto Patrio Electoral (IPE) que las millonarias sumas gastadas en la revista eran por cuenta de los inversionistas y no del partido del honorable candidato. Con un poco de suerte, cuando Adán Garza llegue a la presidencia, ordenará un rescate económico para la insigne revista, y todos agradeceremos –impuestos mediante– la bravura de un periodismo que supo señalar, con tiempo y fortuna, el rumbo que debían de seguir nuestros sueños democráticos.

* * *

Sí, no hace falta decir que este tipo de campañas rozan el absurdo. Estamos frente a un ejercicio de repetición irreflexiva, no en vano es que tenemos algo de previsibles, de máquinas; muchas de nuestras actividades más triviales no son sino una repetición de conductas antiguas que se van anquilosando por la creencia de que funcionan… hasta que la realidad nos explota en la cara y nos vemos de frente, nariz con nariz, besando la derrota. No pierdo de vista el hecho de que muchas de nuestras actividades cotidianas no ejercen mayor riesgo sobre nosotros y que, tal vez, por ello no valga la pena modificarlas sustancialmente, pero tratándose de hechos relevantes bien valdría la pena sopesar si tiene sentido repetir incesantemente ese *loop* sólo porque lo sentimos familiar, igual que nos sentimos cómodos recorriendo el viejo camino a casa, por más que el nuevo, más rápido y moderno, nos representa una posible mejora.

La cuestión es que esas campañas se siguen realizando. Y se hacen, por más que cueste trabajo creer que alguien es tan ingenuo como para aceptar que ellas representan de un modo genuino a las personas en quienes depositaremos nuestra confianza colectiva.

Del otro lado, es decir, del lado de los partidos políticos y de sus candidatos y candidatas, es todavía más complicado: el hecho de que esas campañas sobrevivan significa que alguien financia su desarrollo y, en última instancia, significa también que alguien cree y confía en ese gremio de magníficos consultores capaces de vender cerillos en el infierno. Alguien detrás de esos miles de espectaculares y esas revistas falsamente ingenuas, cree que le creemos. Sí, en algo han de funcionar, porque el sólo hecho de bombardear al posible votante con la imagen del candidato hará que se cumpla con cierto rango de posicionamiento, pero sería necio suponer que ese hecho inclinaría el sentido de nuestro voto hacia esa persona. Y sería mucho más necio creer en que se trata de una manera razonable de administrar los recursos de una campaña.

Difícilmente podríamos persuadir o inducir la idea de que nuestro candidato o candidata son mejores si sólo insistimos en este tipo de estrategias, aunque tal vez seamos capaces de retener a las y los votantes que de cualquier modo no moverían un ápice sus posiciones políticas, pero que no representan el objetivo de una elección, porque en ella el objetivo principal está en aquellos que no se sienten identificados con la visión que representa nuestro candidato o candidata. Como si se tratara de un discurso amoroso, queremos mover la intención del voto que nos es ajeno, seducir al votante del otro, atraer a quienes han sido previamente convencidos por una visión distinta de la nuestra; y queremos que esas condiciones mentales y emocionales se traduzcan en la acción del votante: queremos gatillar, en última instancia, la conducta de un voto a favor nuestro.

Retener, persuadir, recuperar, atraer… cualquier estrategia es válida para conseguir esos objetivos que se reducen a una sola cosa: a ese íntimo y secreto momento que dura un instante y que decide tanto, a esa fugaz escena en la que una persona entra sola y se enfrenta a la urna para decidir el sentido de su voto. Parece poco para tanto, pero se trata de un instante que en realidad podría significar todos los instantes del futuro.

GRECIA LÓPEZ, «NO ME VA A TEMBLAR LA MANO»

«¡Yo no voy a fallarles!», dice Grecia López, la candidata del partido Movimiento Vida Digna y Organizada (MOVIDO), durante su acto de cierre de campaña en el estadio nacional, propiedad del magnate de los medios, don Ludovino Malapaga. Casi se rompe las cuerdas vocales por el excesivo énfasis que pone en cada sílaba y presiente que en la siguiente frase terminará afónica, porque su equipo de campaña ha puesto un exceso de exclamaciones en el teleprompter: «gritar», dice la indicación y ella dice «gritar», sin percatarse en el error, sólo para cerrar su discurso con frases únicas, inspiradoras y de un potencial movilizador y de chulería que difícilmente alcanzarían ese nivel en la pluma de los poetas locales: «A mí no me va a temblar la mano», «Yo sí voy a cumplirte», «Arriba y adelante», «Mi compromiso es con el bienestar de tu familia», «Juntos, con tu voto, vamos por un país mejor», «Vamos a demostrar de qué estamos hechos», «Yo sí voy a dar la cara». Y remata con una frase nunca dicha, un chispazo de genialidad única que saliera de su equipo de creativos: «El cambio comienza por uno mismo; ¡seamos ese cambio que todos queremos!»

Las porras no se hacen esperar. Un coordinador por cada sección del estadio nacional se encarga de que los «chiquitibum» se sincronicen y den la sensación de que un invisible trabajo en equipo es el síntoma de que todos los ahí presentes respaldan a la candidata, como si se tratara de una sola voluntad, de un solo y melindroso corazón emocionado. El momento –no está de más decirlo– es casi una experiencia religiosa, tal como lo dice la canción de moda que se escucha por las bocinas del recinto, y cuya letra original ha sido alterada para que una parte del estribillo rime con el fervor mariano de la candidata: «*Es casi una experiencia religiosa, votar por Grecia López ¡ay, qué cosa!*».

Grecia cierra su acto de campaña tomándose una foto con los líderes de su partido, mostrando ese músculo de apoyo necesario para enfrentar el tenso *impasse* antes de las votaciones del fin de semana; es la foto que usará la prensa el día de mañana, una estrategia que le sirve a la candidata para alargar su campaña un día más sin caer en actos ilegales que, de todos modos, aparecerán en unas semanas, cuando el furor electoral sea serenado por los resultados. O no.

La foto podría ser mejor, porque en ella aparecen los gestos acartonados de los líderes del partido: Don Alejo Prieto, líder nacional del MOVIDO; Don Carlos Sordo, representante sindical de los más de ocho millones de empleados del gobierno; y Don Marco Cabrales, longevo senador que ha tenido la portentosa habilidad de saltar entre la cámara de diputados y la de senadores por más de cuarenta años. Una gloria de los récords Guinness que le será reconocida con la medalla Hermenegildo Rabadán, uno de los héroes de nacionales.

Grecia López piensa que unas momias peruanas tendrían más emoción, pero se repite que es lo que hay y trata de ponerle buena cara al futuro, confiada porque el lleno total del estadio nacional logrará justificar un poco lo oneroso de la campaña; apenas han sobrepasado diez veces el tope de campaña, lo cual es positivo, tomando en cuenta que el candidato del partido opositor, Adán Garza, se ha excedido el doble que ella. Grecia escucha las últimas porras antes de desaparecer del escenario. Sabe, en el fondo, que todas esas expresiones de apoyo que rozan el paroxismo, son actuadas, ejecutadas como una coreografía escolar. Pero se siente tan real. Ella sabe que es como vivir esa escena de amor entre Keanu Reeves y Sandra Bullock mientras intentan detener el descarrilamiento de un autobús, igual que sus asesores intentan parar el descarrilamiento de su campaña.

Además, ese puño de gente, tan semejante a lo que imaginó una vez viéndose vitoreada en el zócalo de su país, le confirman lo que una semana antes le dijo su equipo de campaña: que iban 9 puntos por arriba de su adversario, una ventaja técnicamente inalcanzable, salvo por el detalle de que la encuesta le fue encargada a su compadre, Don Pedro Mastretta, el prominente empresario dueño de una fábrica de colchones cuyo lema es: *No vendemos colchones; vendemos sueños.*

Entre una cosa y otra, la candidata sincroniza sus alegrías y sus dudas; un paso de alegría y uno de incertidumbre. Ve ese horizonte rebosante de humanos reales, pero se va preguntando si esas interacciones compradas le habrán proporcionado algún valor a su campaña; se pregunta sin una respuesta, ni de ella misma, si esos acarreos aumentarán el compromiso real de las personas al momento de cruzar el logotipo de su partido en la boleta electoral, o si sólo ha tomado una mala decisión al confiar en su compadre, cuyo apellido ha levantado sospechas varias veces: más treta.

Pero, en el fondo, Grecia López piensa que no importa que algo de fantasía se cuele en su cierre de campaña, porque la sensación de estar en la cima, por más que los paisajes sean efectos de CGI, se siente bien, se siente real… «como el temblor de un beso», se repite para sí misma, mientras desaparece lentamente en la oscuridad de un escenario parecido al del teatro Kodak durante la entrega de unos Oscar. Y es que la felicidad, incluso la de una candidata experimentada como ella, es humana como el autoengaño.

* * *

Si en algo se distinguen las campañas políticas tradicionales es en su consistencia. Una consistencia, eso sí, más parecida al engrudo o a la sustancia del olvido, porque sus elementos podrían ser una peligrosa fórmula para cocinar el fracaso de una campaña. Si la campaña de Adán Garza o la de Grecia López fueran llevadas a Netflix, creo que encajarían en la tradición de The Office, esa serie inglesa de Ricky Gervais que tuvo una exitosa adaptación en Estados Unidos y en donde los personajes parecen ajenos a su propia ingenuidad. Una y otra vez, vemos una colección de torpezas recurrentes que a los ojos de los personajes parecen, simple y llanamente, normalidades justificables por un entorno de comedia.

Hay en estas campañas un olor a clásico que se asemeja al formol: fotos cupulares, personajes de carácter acartonado que se esfuerzan en proyectar la seriedad de sus propuestas, imágenes de oportunismo mediático, actos de campaña para mostrar «músculo» político y en donde se reúne a lo más granado de la vieja guardia del poder y —no podía faltar—, una liturgia que se ejecuta como coreografía de domingo: hay en esta manera de hacer política una especie de culto que bien valdría la pena empezar a cuestionar, más allá del evidente hecho de que todo esto resulta oneroso y ofrece apenas dudosas evidencias de que los esfuerzos de la campaña están funcionando, porque este tipo de actos no permiten que generemos indicadores. Y, sobre todo, porque en el fondo sabemos que tienen mucho de pantomima, ¿tendría sentido fingir que tenemos indicadores de éxito en un acto de campaña en el que nosotros mismos pagamos los desplazamientos de los asistentes? Puede que invertir en eso y comprar acciones de Blockbuster, sean lo mismo.

EL ÚLTIMO SUSPIRO DE LA TV

Tal vez el caso más reciente y destacado de las campañas tradicionales sea el de la pelea presidencial de 2012, cuando Televisa, la entonces todopoderosa cadena de televisión mexicana, instrumentó la campaña del candidato mexiquense Enrique Peña Nieto, para lograr lo que parecía imposible: el regreso del hegemónico PRI (Partido Revolucionario Institucional) al poder ejecutivo, luego de que en el año 2000 perdiera la presidencia del país frente a Vicente Fox, del derechista partido Acción Nacional. En el siguiente sexenio, ni la oposición de izquierda encabezada por el entonces candidato, Andrés Manuel López Obrador (en las filas del ahora casi extinto PRD) ni el PRI pudieron ganar la presidencia, que quedaría nuevamente en manos del PAN y de su candidato, Felipe Calderón Hinojosa, en una de las elecciones más dudosas de la historia, apenas comparable con la que ganara Carlos Salinas de Gortari (PRI) en 1988; en el inconsciente colectivo mexicano sobrevive la idea de que ambas elecciones –la que ganara Salinas a Cárdenas en 1988, y la que ganara Calderón a López Obrador en 2006– son el epítome de los fraudes electorales de estado.

En ese contexto de absoluto dominio del PAN, Televisa tomó la campaña de Enrique Peña Nieto y lo convirtió en una especie de estrella mediática, posicionándolo como un actor político que lograba, incluso, lo que parecía una doble misión imposible a lo Tom Cruise: sacar al PAN de la carrera presidencial (lo mandó al tercer lugar) y ganarle la carrera al extremadamente popular Andrés Manuel López Obrador, quien, apenas al siguiente sexenio, se convertiría en el presidente de México.

La campaña de Peña Nieto no estuvo exenta de polémicas, un eufemismo que en los procesos electorales latinoamericanos puede significar casi cualquier cosa, desde folclóricas anécdotas hasta grandes escándalos de corrupción o declaraciones salidas de cualquier corrección posible. Primero, porque la estrategia de Televisa consideró la posibilidad de construir al personaje de Peña Nieto mucho antes de la contienda electoral, cuando, disfrazado de banal acto de «socialités» devenidas en «celebrities», llenaron las revistas de corazón de su grupo editorial con el noviazgo entre el político y la actriz de moda, Angélica Rivera, y luego, ya sobrados en el éxito de la campaña disfrazada, transmitieron en vivo –sí, en vivo– la boda religiosa entre la pareja. El enlace, realizado en noviembre de 2010, fue apenas uno de los puntos nodales de una larga campaña mediática que empezaría con el «sorpresivo» noviazgo entre el viudo político y la divorciada actriz, a mediados de 2008, para rematar con el cierre de campaña en junio de 2012. Una eterna construcción del candidato que duró casi cuatro años y que el órgano electoral ni vio ni quiso ver.

Por lo demás, la campaña estuvo llena de irregularidades, entre las más destacadas se señala el exorbitante gasto y el desvío de recursos para la compra de votos y el desvío de recursos a través de las célebres tarjetas Monex, que fueron la parte visible de un escándalo en el que se concluyó que el PRI había superado por trece veces el tope de gastos permitidos por la ley electoral. Sí: superó trece veces el tope.

Sobre este tema, la propia autoridad electoral aceptó las irregularidades («conductas graves que afectaron la libertad del sufragio y la equidad en la contienda»)[16], pero no estableció ningún cambio en los resultados porque, expresó –otra vez con un eufemismo, que parece ser el recurso más valioso de la política actual– que no había manera de estimar si esas prácticas, de sí ilegales, habían influido en el sentido de los resultados electorales. Es decir: sí es ilegal, pero no sabemos cómo es que esas prácticas ilegales influyen en los procesos electorales; luego entonces, no sabemos por qué las hemos considerados como ilegales. Sí, un batiburrillo verbal antológico y de consecuencias graves, por-

---

[16] En: https://www.te.gob.mx/sites/default/files/page/2012/07/monex_pdf_18455.pdf

que el sexenio de Enrique Peña Nieto terminó siendo uno de los más escandalosos de la historia de México en cuanto a niveles de corrupción.

* * *

En última instancia, el triunfo de Peña Nieto no se explica sin el anticipado apoyo de Televisa, pero tampoco sin la polémica gestión de su antecesor: el panista Felipe Calderón Hinojosa. Calderón llegó a la presidencia tras una dudosa elección, una condición que le perseguiría todo su mandato y que estaría señalada por su estrategia de combate al narcotráfico, un combate sangriento que cobraría la vida de civiles a los que el propio Calderón consideraría como «pérdidas colaterales», pero, sobre todo, porque ese combate estaba encabezado por Genaro García Luna, el oscuro y todopoderoso Secretario de Seguridad que en el año 2023 sería declarado culpable en un juicio ampliamente mediático en los Estados Unidos, en donde se le acusó de colaborar abiertamente en las actividades de narcotráfico que decía combatir. En México, García Luna contaba con denuncias por lavado de dinero y desvío de recursos, entre ellas la acusación de una transferencia de dos mil millones de pesos de recursos públicos a una de sus cuentas privadas. Para dimensionar esa cantidad, se trata de unos 118.5 millones de dólares al tipo de cambio de enero de 2024. Una absoluta fortuna, inexplicable desde cualquier punto de vista, pero, sobre todo, desde la óptima en la que García Luna tenía acusaciones graves desde que ejercía como Secretario de Seguridad: en 2010, la periodista Anabel Hernández ya le acusaba de ser colaborador de los narcotraficantes Joaquín «El Chapo» Guzmán y de Ismael Zambada. En última instancia, García Luna había logrado operar una red de colaboración con los más célebres narcotraficantes de la época, y todo lo había hecho al amparo de los expresidentes panistas Vicente Fox y Felipe Calderón. El PAN, pues, había agotado en apenas dos sexenios toda su reputación y abría las puertas para el regreso del PRI, esta vez blanqueado y vigorizado por la exitosa campaña de Televisa, la todavía poderosa cadena de televisión y medios tradicionales que lo mismo producía exitosos dramas telenoveleros que odiseas electorales.

* * *

Un sexenio atrás, Felipe Calderón, del derechista Partido Acción Nacional. había llegado a la presidencia de México tras de una turbulenta campaña que inauguraba, en México, un nuevo ciclo de guerra sucia electoral en donde todo vale. La campaña de Calderón ensombrecía frente al ya popular candidato de la izquierda, Andrés Manuel López Obrador, hasta un punto de quiebre en el que su partido incorporó a dos personajes importados: Antonio Solá Recher, español y Dick Morris, norteamericano. Ambos fueron la cabeza detrás de la célebre frase «López Obrador es un peligro para México», que levantaría los bonos de Felipe Calderón y, al tiempo, estrenaría la polarización en un país de por sí dividido.

En los spots que incluían esta frase, el PAN criticaba las políticas de López Obrador, quien había sido jefe de Gobierno del entonces Distrito Federal (2000-2005), y lo hacían al más puro estilo de lo que hoy se conoce como *fake news*. Tiempo después, el Tribunal Electoral declararía ilegales este tipo de campañas, pero el daño estaba hecho y la mancha de ser un «peligro para México», puede que siga acompañando a López Obrador aún ahora.

A la campaña negra –a la que ya se había unido el Consejo Coordinador Empresarial–, le acompañaron otros recursos como ligar a López Obrador con el mandatario venezolano Hugo Chávez y publicar un falso artículo que inducía la idea de que Obrador era financiado por Chávez. El artículo, escrito por el propio Morris en abril de 2006, mostraba como hechos consumados algunas hipótesis por demás novelescas, como que la falsa alianza entre Obrador y Chávez constituía un plan comunista para contrarrestar la influencia de EEUU en Latinoamérica:

Durante meses han abundado los rumores de que la campaña de López Obrador está recibiendo una financiación importante del presidente venezolano Hugo Chávez (…); Chávez es un firme aliado de Fidel Castro de Cuba. López Obrador podría ser la pieza final de su gran plan para poner a Estados Unidos de rodillas ante la recientemente resurgida izquierda latina[17]

No está de más recordar que el miedo al comunismo sigue siendo una de las ideas más explotadas cuando de campañas electorales se trata: ligar forzadamente a los adversarios políticos sigue dando crédito, no importa de quién se trate y mucho menos importa que sea cierto, siempre que el halo de maldad pueda degradarse sobre la persona. A Obrador le han ligado, por ejemplo, con personajes tan desiguales como Hugo Chávez y Donald Trump; no importa que no haga sentido en el discurso, en la ideología o, siquiera, en los hechos, mientras la mancha de un hipotético vínculo ensucie la imagen de esa persona. Si Hitler viviera, sería una golosina difícil de resistir, y sobraría el deseo de ligarlo con nuestros enemigos políticos.

Volviendo a esa campaña, singular en cuanto a que inauguró en el país una nueva manera de hacer propaganda política, el resultado conocido es que Felipe Calderón ganó la presidencia de México, pero no lo hizo exento de más polémica. Su triunfo, profusamente cuestionado, fue por una diferencia de apenas 0.56% y una de las principales denuncias consistió en el extraño comportamiento del conteo de votos del Programa de Resultados Electorales Preliminares (PREP), el sistema del entonces Instituto Federal Electoral (IFE): la medianoche del 3 de julio de 2006, el día posterior a la votación; el comportamiento en

---

[17] El artículo está disponible en: https://www.demopolistimes.com/2006/04/05/menace-in-mexico-and-the-immigration-debate/

el conteo de votos fue, por decirlo con un eufemismo, estadísticamente atípico.

Al respecto existen dos exhaustivos estudios[18] con la misma conclusión en el sentido de que existieron anomalías en el conteo de votos y que no descartan una posible manipulación de los resultados. El primero corresponde al del Doctor en Física e investigador de la UNAM, Luis Mochán, que destaca «numerosas inconsistencias en el comportamiento de la presentación temporal de los datos». En el segundo, el también Doctor en Física y otros colegas de la UNAM, encuentran una «serie de anomalías en los datos presentados por el IFE como son la improbable falta de estabilización de los porcentajes acumulados del PAN y PRD. La disparidad muy grande entre muestras de 300,000 votos y el resultado final y el orden de llegada de los votos, especialmente al PAN y al PRD». Rochin destaca que el comportamiento del PREP fue «atípico e improbable».

Al final, y como una ironía de esas tan extrañas como tener a un payaso escondido en el clóset y descubrirlo a media madrugada, el sexenio de Felipe Calderón, que presumía de tener sus manos limpias de corrupción y de ser la antítesis al riesgo nacional, terminó ampliamente bañado en acusaciones de que solapaba a su Secretario de Seguridad, Genaro García Luna, actualmente preso en EEUU, sentenciado por colaborar con lo más granado del crimen organizado en México.

---

[18] Al respecto pueden consultarse: https://www.fisica.unam.mx/organizacion/comunicacion/noticia.php?id=433&?lang=es y https://www.fisica.unam.mx/organizacion/comunicacion/noticia.php?id=433&?lang=es

* * *

En medio del descrédito y la derrota, López Obrador parecía haber desaparecido durante algún tiempo. Sin embargo, en ese periodo se dedicó a recorrer el país, haciendo campaña a tierra y formando un nuevo movimiento (Movimiento de Regeneración Nacional, o MORENA) que, en 2018, lo llevaría a ganar la presidencia del país. Lo notable de todo esto, y lo que me gustaría destacar, es lo que el propio López Obrador dijo el día de su asunción presidencial. Casi al final de su discurso se refirió a los medios de comunicación, ya con la serenidad del triunfo, y mencionó la contribución que tuvieron las redes sociales en su victoria:

«Fue ejemplar la pluralidad y el profesionalismo de la prensa, la radio y la televisión. Los medios de información no fueron, como en otras ocasiones, correas de transmisión para la guerra sucia. También mi gratitud a las benditas redes sociales»[19]

Obrador ha enfatizado la importancia de las RRSS en la vida pública, y lo ha hecho pese a que se le conoce como un político de la vieja guardia, y cuya personalidad suele concederle rasgos de obtuso. Para su movimiento fue fundamental su utlilización, porque permitieron que las y los votantes amplificaran una campaña que –habrá que

---

[19] Rescatado el 23 de enero de 2024, en: https://lopezobrador.org.mx/2018/07/02/palabras-amlo-con-motivo-del-triunfo-electoral-del-1-de-julio/

reconocerlo– no tenía la misma resonancia en los medios tradicionales, como la radio y la televisión, más proclives a difundir los mensajes de los entonces candidatos del PRI y el PAN.

> *«Yo creo que una de las grandes contribuciones a la libertad en los últimos tiempos fue la creación de las benditas redes sociales, con todos sus asegunes: que los bots, que las noticias falsas, pero hay posibilidad para que miles, millones, puedan dar a conocer por el internet su punto de vista, antes no podían hacerlo, era una función controlada por las empresas de información»*[20]

Obrador era un candidato al que muchos creían finiquitado y sin posibilidades de regresar para una tercera campaña electoral; habían pasado muchos años desde su primera irrupción como candidato y su figura había estado expuesta a un deterioro constante; su personalidad áspera, alejada de los protocolos del Carreño político, lo hacían blanco fácil para la denostación. Y, sin embargo, supo resurgir de entre sus cenizas, tal vez reconociendo –yo asumo que lo hizo muy sobre la marcha de su última campaña y casi a su pesar– las ventajas de usar las redes sociales como un vehículo que le permitía saltarse la visión que de él y de su movimiento presentaban los medios tradicionales. Las redes sociales le ofrecían el alcance necesario ahí a donde su

---

[20] Rescatado el 23 de enero de 2024, en: https://lopezobrador.org.mx/2023/07/06/comunicacion-digital-del-presidente-amlo-llega-a-threads-llama-a-evitar-manipulacion-y-uso-de-bots/

campaña a pie de tierra no llegaba y lo hacían por una fracción del precio con que lo hubiera hecho en, por ejemplo, la televisión. Además, le permitían la ubicuidad imposible de los mítines –a los que es tan propenso– o de cualquier otra manifestación física. Por si fuera poco, le facultaban una comunicación directa y una segmentación imposibles para los otros medios. El político de la vieja guardia parecía haber descubierto una mina de oro de votantes, si nos atenemos al hecho de que su propia audiencia se había convertido en un amplio movimiento de activistas digitales, del que nacieron un sinfín de canales en YouTube y líderes de opinión afines en Twitter y Facebook; una inesperada caja de resonancia que los demás partidos no han logrado tener, más allá de ciertas figuras estridentes con influencia en su propio círculo rojo. El movimiento de Obrador, sin duda, ya no sólo existe en las calles, sino también en las «benditas redes sociales». Para más: según Streamcharts, López Obrador fue el streamer más visto en Latinoamérica durante 2023. Sí, de sima a cima.

Es probable que haya existido una dosis de coincidencia en el triunfo electoral de López Obrador, porque, en el terreno de lo que nunca sabremos, sólo podemos especular si sus dos anteriores derrotas hubieran sido evitadas con el uso de las redes sociales. Tampoco sabremos con exactitud, por supuesto, si los triunfos de Peña Nieto y Felipe Calderón fueron el resultado exitoso de sus campañas o si en algo tuvieron que ver sus cuestionadas estrategias, algunas de las cuales rayaron en la ilegalidad, o si, en el caso de Calderón, el triunfo electoral se logró en un territorio ajeno al de las urnas.

Lo cierto es que la victoria de López Obrador, un personaje injuriado hasta el agobio, es evidencia de que las campañas políticas actuales se mueven por una autopista virtual, y pueden hacerlo, incluso, si en el volante colocamos a un candidato erosionado por décadas de señalamientos. Los canales como la televisión, la radio y los medios impresos no han muerto, pero en definitiva ya no tienen el poder ni la influencia de antes, y tampoco ofrecen garantías, datos ni la economía y la interacción de las redes sociales. Puede que estemos especulando sobre el hecho de que López Obrador tuviera posibilidades de triunfo en sus campañas predecesoras, pero también podríamos hacerlo a la inversa: ¿El triunfo de Peña Nieto o el de Calderón serían posible actualmente sin las redes sociales? Absolutamente no.

A cinco años de ese triunfo en el que las redes sociales fueron tan importantes para López Obrador, lo cierto es que el comportamiento en ellas ha mutado considerablemente: Twitter (que incluso ha cambiado de nombre), por ejemplo, se ha convertido en el infierno grande de cualquier pueblo chico, y es la red social en donde más fácilmente se viralizan notas falsas que logran manipular artificialmente las tendencias. Se ha incrementado el uso de cuentas falsas y la compra de interaciones que, si bien no proporcionan un valor real a las candidaturas, sí logran deteriorar la imagen de las y los contendientes; las cuentas falsas, al más puro estilo de los estafadores, son el pan nuestro de cada día en las redes sociales y no pocas veces hemos visto a Obrador quejarse de este nuevo y relevante curso que están tomando las que antes eran sus «benditas» redes sociales.

CAPÍTULO 3.
DE LAS CAMPAÑAS A TIERRA A LAS CAMPAÑAS DIGITALES

A veces no necesitamos a alguien que nos arregle, a veces, sólo necesitamos a alguien que nos quiera, mientras nos arreglamos nosotros mismos.

Julio Cortázar

Hace no mucho que la vida transcurría con cierta calma: los chicos no se aburrían los fines de semana ni pensaban en que les quedaba un largo domingo por delante, por más que fueran conscientes de que delante suyo se asomaba un día sin ninguna actividad planificada y con apenas algo por comentar al día siguiente. Se podía coincidir con los amigos el barrio y sacarse de la nada un juego de fútbol con dos piedras que improvisaban la portería, o se podía simplemente estar sentado en las aceras, mirando pasar los perros y compartiendo las pequeñas circunstancias de la vida infantil, anécdotas tan insignificantes que ahora mismo no parecerían tener sentido si las comparamos con las pláticas de los chicos actuales, rebosantes en temas y detalles. A nadie se nos ocurría cuestionar ese estilo de vida que hoy nos parecería cerril.

De ese modo transcurría la vida en general, la de los adultos, la de los empresarios y, por supuesto, la de los políticos. Nuestro más grande entretenimiento consistía en sintonizar unos de los dos, tres o cuatro canales de televisión, y a la llegada de los sistemas de cable presumíamos, inevitablemente con un aire de superioridad moral, de ver programas exclusivos.

Así transcurría la vida y los temas públicos –política incluida– se debatían de frente, en una cafetería, en casa o en el parque, ya fuera entre amigos, familiares o compañeros de la oficina. Las campañas electorales (las que ahora solemos interpretar como «clásicas») tenían su aposento superior en el televisor y en el horario estelar de la noche, durante el noticiero principal o en los intermedios de la novela de moda. Ahí se debatía la vida nacional y se desdoblaban para las notas secundarias del día siguiente en la radio o en los periódicos nacionales, que publicaban amplias notas y profusas columnas de opinión. Los medios, apenas tenían considerados los espacios de interacción de los ciudadanos; en algunos periódicos fijaban media página para las cartas de los lectores y en algunos programas de televisión o radio permitían llamadas controladas para difundir la voz de los escuchas y crear la sensación de que el medio permitía las conexiones con su público. Que la llamada del pariente lejano fuera la afortunada en ser transmitida, daba tema suficiente para considerar la reactivación de las relaciones familiares.

¡Nada más de pensarlo sentimos un inmenso letargo! Y, sin embargo, añoramos cada uno de los segundos que pasábamos sentados en la mesa con la gente querida. Con añoranza o sin ella, lo cierto es que esa época se ha ido. La tecnología ha cambiado todo lo que recordamos y que ahora vemos como sucesos de hace un siglo, aunque es probable que muchas de esas cosas apenas hayan sucedido hace unos veinte o treinta años.

El internet, el desarrollo de su velocidad y su masificación ligada a los bajos costos de conectividad, permitieron que las redes sociales se volvieran populares; luego, la llegada de los teléfonos inteligentes supuso una nueva explosión y con ello cualquier actividad diaria se fue transformando, porque podíamos –mágicamente– llevar nuestro mundo en el bolsillo del pantalón. Las actividades que se resistían, fueron cediendo, resignadas o sin darse cuenta, frente al temor de simplemente ser sustituidas, incluidas aquellas de las que se pensaba que era imposible llevar al territorio de los bits, como el transporte, la comida, los alquileres…

Hoy, no hay movimiento humano que no esté interconectado, y existen profesiones ligadas exclusivamente a la actividad en las redes. Todo cambió, y con ello mutaron las formas de hacer política y de hacer campañas electorales. Aquellas viejas discusiones de café han migrado a las redes y prácticamente cualquier debate cultural y social ha tenido ya su trinchera en Facebook o X (antes Twitter).

¿Recordamos a la comentocracia de los horarios estelares en la televisión? No es difícil encontrarlos ahora en pequeños programas de radio o de streaming, pero siendo protagonistas diarios del chismerío político que fluye río abajo en la toxicidad de las redes sociales. Me atrevo a decir que algunos de esos personajes basan su permanencia mediática más en el impacto (positivo o negativo, da lo mismo) que provocan en redes sociales, y no en el alcance de sus actividades originales o en la calidad de la información que publican. El escándalo como casa chica que paga las cuentas de la casa grande.

Los espacios estelares, sin duda, ahora han sido ocupados por personas con mayores capacidades en el terreno de las redes sociales. Pero, sobre todo, por personas en quienes el ciudadano ha depositado nuevamente su confianza. Sí, las redes sociales también abrieron una inesperada caja de Pandora con la que la ciudadanía pudo tener a su alcance nuevos puntos de vista y nuevos datos para confrontar la visión única que promovía la televisión, y pudieron comprobar que los medios no eran tan imparciales como insistían en decirnos. El descrédito de los medios tradicionales y de sus figuras estelares sucedió apenas en un chispazo, tan rápido que algunas cadenas de televisión no terminan por sacudirse el golpe y tampoco han logrado adaptarse a una nueva realidad en la que han tenido que migrar sus contenidos al internet. No se trata sólo de que el ciudadano de a pie se posicionara frente a ese descrédito, sino que éste iba de la mano de las finanzas y muchos canales empezaron a perder patrocinios por el temor de que a las marcas se les relacionara con esa nueva imagen de los personajes públicos, humanizados, desnudados, mostrados con sus miserias, sus flaquezas y, sobre todo, sus ambiciones.

Además, el nuevo público cayó en la cuenta de que habían pasado un largo tiempo sin ser tomados en consideración por los poderosos conductores de TV. Como si se tratara de la célebre escena entre el Joker de Joaquín Phoenix y el Murray de Robert de Niro, la audiencia empezó a sentirse denigrada, apenas la fracción de una escena de bajo presupuesto que servía para los fines de las televisoras. Fue entonces que vieron en las redes sociales un lugar en donde sus opiniones tenían un escaparate para hacerles sentir parte del debate público. En última instancia, ¿quién no ha sentido que su opinión, por pueril que sea, y aunque se vaya perdiendo entre el cúmulo de otros comentarios, contribuye de algún modo en la opinión de los otros? Hace no mucho, una pariente mía que acumula poco más de ochenta años, me comentaba que esa mañana se había sentido especialmente conmovida por un comentario en Facebook. En él, un contacto –tal vez un amigo suyo, tal vez alguien sin relación– le escribía algo como «Estoy de acuerdo, por fin un comentario lúcido», y le agregaba un «Me gusta» que completaba la sinfonía que, sin saberlo, le conectaba emocional y cognitivamente con otro ser humano. Por trivial que parezca, para ella había significado empezar el día de un modo fantástico. No quiero imaginar su reacción si ese comentario y ese «Me gusta» hubiera sido prodigado por una figura conocida –un candidato en plena actividad electoral, por ejemplo–, porque las redes nos han permitido también eso: la sensación de que agregar a nuestra lista de seguidos a gente famosa, nos hace parte de su red íntima de conocidos. Ingenuo y poderoso.

Así pues, los medios tradicionales de comunicación han ido perdiendo terreno. Por una parte, muchas personas prefieren pagar servicios sin patrocinios y, por la otra, los anunciantes prefieren pautar en internet en donde las audiencias son mucho más grandes y pueden mantener el control de sus presupuestos y el perfil de los receptores.

Ahora bien, en las redes sociales existen componentes cognitivos y emocionales que no existen en medios como la televisión, la radio o los periódicos, y que, al final, son los que posibilitan una sensación de que las personas nos interconectamos y que mantenemos cierta relación, cierto intercambio de ideas, cierta complicidad. Hay una nueva forma de interpretar y de sentir que estamos conectados con ese otro al que desconocemos y que, casi con certeza, está más lejos –física, mental y emocionalmente– de lo que suponemos. Y no hace falta que estos componentes sean reales, tal como se avista fácilmente, sino que, como en el cine, las sensaciones nos proporcionen la creencia de ser reales. Como lo dice el epígrafe al inicio de este capítulo: *a veces no necesitamos a alguien que nos arregle, a veces, sólo necesitamos a alguien que nos quiera, mientras nos arreglamos nosotros mismos* (Julio Cortázar). Y esa es la impresión que nos generan las redes sociales, una sensación de que no estamos solos en nuestras emociones ni en nuestros pensamientos, de que hay en ellas muchas otras personas con las que podemos empatar nuestras creencias: una cámara de ecos postmoderna en la que ya no sólo se repite lo que pensamos, sino también lo que sentimos. La televisión y la radio carecen de estos componentes, y puede que en gran medida sea este uno de los talones de Aquiles por el que se les desangra la audiencia.

El reporte Edelman Trust Barometer 2023[21], que mide la confianza y la credibilidad de las empresas en 28 países, indica que en el caso de México sólo el 56% de la población confía en los medios. Pero no es el caso más erosionado en cuanto a este rubro, porque en Reino Unido la confianza en ellos alcanza apenas el 37%, mientras que en Japón es del 34% y en Corea del Sur es del 27%. Los medios son, de hecho, la segunda institución en la que menos confían los mexicanos, apenas por encima del propio gobierno, en el que confía un pobre 47%. Según el mismo reporte, la erosión en la confianza que los ciudadanos depositan en las instituciones, sean públicas o privadas, es un elemento que aceita los mecanismos de la polarización social, porque subraya las diferencias entre los diferentes sectores sociales (otros factores son la debilidad del tejido social y la injusticia). México, de acuerdo al mismo reporte Edelman, se encuentra en la franja de los países «en peligro de severa polarización».

La desconfianza en los medios no es gratuita, pero en México hay una sorda crisis que parece que los emporios de comunicación se empeñan en ocultar para proteger sus

---

[21] El reporte se puede consultar en: https://www.edelman.lat/sites/g/files/aatuss296/files/2023-02/Edelman%20Trust%20Barometer%202023%20M%-C3%A9xico_0.pdf

propios intereses. Una investigación de Reporteros Sin Fronteras y del Centro Nacional de Comunicación[22] encontró que «...*la falta de datos del mercado, la opacidad en la medición de las audiencias, el efecto corruptor de la publicidad oficial y el insuficiente marco regulatorio son factores clave que aumentan el alto nivel de la concentración de medios en manos de unos cuantos propietarios, en vez de limitarlo*». El estudio se refiere a la posibilidad de que, en México, los ciudadanos reciban información poco fiable, dado que esta es administrada por monopolios que, además, están ligados a la recepción de presupuestos gubernamentales. Apenas 11 familias controlan 24 de los 42 medios con mayor audiencia: 6 de 8 televisoras, 6 de 11 radiodifusoras, 3 de 13 sitios web y 6 de 10 periódicos. Televisa, Azteca, Radio Fórmula, MVS, Milenio, Reforma y El Universal, son algunos de los conglomerados que controlan más de la mitad de los contenidos en el país y que, indiscutiblemente, mantienen el poder de editorializar casi cualquier tema. Toda una maquinaria de beneficio o ponzoña, según se trate del beneficio. Y también una maquinaria de premios que se van turnando entre ellos mismos, como una manera de legitimar su propio trabajo.

En mayo de 2023, Reforma y Forbes[23] revelaban una lista con los periodistas (otro eufemismo) mexicanos que más habían recibido dinero del gobierno de Enrique Peña Nieto. En suma, se trata de más de mil millones distribui-

---

[22] *¿Quiénes están detrás de los medios en México?* En: https://mexico.mom-gmr.org/es/

[23] Disponible en: https://www.forbes.com.mx/revelan-lista-de-36-periodistas-con-contratos-con-gobierno-de-epn/

dos entre 36 periodistas y medios durante el sexenio de un político al que ellos mismos habían ayudado a encumbrar. Entre ellos destacan Joaquín López Dóriga, quien recibió más de 251 millones de pesos durante el sexenio, y Enrique Krauze, quien acumuló 144 millones a través de su editorial Clío y Letras Libres. Otros con cifras igual de estratosféricas son Óscar Mario Beteta, Beatriz Pages, Raymundo Riva Palacio, Ricardo Alemán y Adela Micha. No hace falta decir lo obvio: a la llegada de López Obrador a la presidencia del país, dichos personajes dejaron de recibir los recursos y hoy forman parte de un sólido bloque de críticos a la administración obradorista.

* * *

Si bien en cierto que los medios tradicionales han perdido confianza, tampoco podemos perder de vista el hecho de que en las mismas redes sociales existen elementos de sobra para desconfiar. Para mal, muchos de estos elementos son resabios de los medios tradicionales que, al incursionar en las redes sociales, reproducen parte de su cultura. Según el estudio de Reuters Institute for the Study of Journalism, *Reconectar con audiencias de noticias*, publicado en 2022 por la Universidad de Navarra[24], el porcentaje de población que consumió información falsa o engañosa en el mundo en 2022 fue increíblemente alto, y México se situó en el

---

[24] Puede consultarse en: https://dadun.unav.edu/handle/10171/63647

segundo lugar con 87% de usuarios que afirmaron haber estado expuestos a este tipo de información en la semana previa a la elaboración del estudio. No es casual, pues, que las redes sociales supongan un nuevo campo de guerra sucia sobre el que no deberíamos de perder la atención, en especial si asumimos que este altísimo consumo de noticias falsas obedece también a una exacerbada producción de *fake news* y que estas se encuentran, indudablemente, patrocinadas.

Con todo y eso, las redes sociales siguen generando una aceptación mayor que la de los medios tradicionales de comunicación y, sin duda, los ciudadanos acuden a ellas con mucha mayor frecuencia de lo que lo harían a la TV para estar al día con los temas de moda. Todavía hace unas décadas esperábamos el noticiero de la noche para estar al tanto de lo que sucedía en el mundo, y si algo muy importante se desarrollaba en ese momento, no había más alternativa que estar anclado al televisor para atender los reportes especiales. Actualmente nadie hace eso, sin duda hemos aprendido a convivir con la inmediatez y la movilidad: ahí en donde deseamos la información, sea la hora que sea, sabemos que estará disponible, y ni por error se nos ocurriría esperar al final del día para ponerlos al corriente de algún tema, seguros de que al hacerlo llegaríamos cuando la noticia ya fuera otra. Estamos frente al milagro de le brevedad, ese que supone consumir cadáveres de noticias si lo hacemos tardíamente.

Las campañas de color pretenden llenar y aprovechar, justamente, varios de estos elementos, desde la inmediatez y la simultaneidad de la información, hasta el aprovechamiento de los componentes cognitivos y emocionales que ofrecen las redes sociales. Vale la pena cuestionarnos si están siendo debidamente aprovechados en este momento, o si seguimos aprendiendo sobre la marcha para determinar cuál es la mejor manera de sacarle tanto provecho como sea posible.

* * *

Las campañas tradicionales –ya lo hemos esbozado– son ricas en el trabajo a tierra, ahí donde las actividades de proselitismo concentran nuestros esfuerzos presenciales y puramente sincrónicos. Los partidos políticos, incluso los más nuevos, mantienen un ejército de simpatizantes que se movilizan por distritos perfectamente divididos para visitarlos y hacer tareas de difusión y convencimiento, al más puro estilo de las antiguas campañas de las que se tenga registro. Pese a la llegada del internet y a la posibilidad de salir al paso del «aquí y ahora» para ejecutar campañas asincrónicas, simultáneas y virtuales, las campañas a tierra siguen siendo fundamentales para mantener el contacto real con los ciudadanos, además de que son una especie de tradición que genera sensaciones de «realidad», ya que se trata del momento en el que las y los candidatos pueden establecer un contacto «verdadero» con sus posibles electores.

En su vertiente hertziana, las campañas tradicionales aprovechan el alcance masivo de canales como la televisión, la radio y la prensa, aunque lo hacen a un alto costo y sin la certeza de mantener control sobre sus alcances demográficos. En el sentido de Pipa Norris, las campañas tradicionales conservan elementos de la premodernidad y la modernidad electoral, y suman a sus estrategias actividades en línea que no se limitan a la publicación en redes sociales, sino que agregan pautas pagadas, actividades de streaming e, incluso, una mixtura que puede incluir la transmisión en vivo y por redes sociales de un mitin; una actividad en la que la prehistoria y el futuro se unen a través de esa puerta del tiempo en la que se ha convertido la pantalla de nuestra computadora o celular.

Sin embargo, no basta acumular canales de exhibición, igual que no basta colocar nuestros pasteles en todos los supermercados del país sin una estrategia adecuada que subraye que nuestros pasteles son los mejores. Y esto acentúa el hecho de que nuestra mutación de paradigma no sólo está relacionada con un cambio en la preponderancia de los medios, y que las campañas a tierra y en canales de mediación tradicional (televisión, radio y prensa) se enfrentan ahora a retadores más poderosos en cuanto a alcance, control y costos. De poco o nada vale que aceptemos este cambio de paradigma si no logramos adaptar nuestra filosofía sobre el mensaje y no sólo sobre el medio. Por supuesto, la construcción del mensaje está directamente relacionado con el tipo de votante. Uno al que, para sorpresa de nadie, también habremos de adaptar nuestro paradigma de campañas.

En las elecciones mexicanas de 2018, los electores de 60 a 74 años tuvieron más del 72% de participación y fueron el rango de edad con mayor movilización en las urnas, aunque representan sólo el 14.4% de la lista nominal (quienes efectivamente pueden votar); mientras que el grupo de 18 años, es decir, el de los votantes primerizos, conforma –él solo– el 10.5% de la lista y su votación estuvo por encima del promedio nacional en todos los rangos de edades[25].

Con un corte al 11 de enero de 2024, el Instituto Nacional Electoral de México (INE), reporta una lista nominal de 97 millones 539 mil 056 electores, de los cuales 52.1% corresponden al rango de edades menores de 45 años, el target de población que, según Statista, representa el 73% de los usuarios de redes sociales en México. Según esta misma fuente, los usuarios mayores de 65 años sólo representan el 3.7% de quienes usan las redes sociales en México[26]. ¿Vemos la lógica detrás de esos números? Los votantes que menos usan redes sociales son una minoría, mientras que el grueso de los electores posibles (más de la mitad) conforman casi tres cuartas partes del universo de usuarios de redes sociales en México. Una barbaridad bajo cualquier punto de vista y una galaxia de posibilidades para explotar nuestras campañas en redes sociales, usando estrategias

---

[25] Datos del Instituto Nacional Electoral (INE), disponibles en: https://centralelectoral.ine.mx/2019/08/14/conoce-porcentaje-votacion-las-los-electores-elecciones2018-conforme-grupo-edad/

[26] Statista.com, Distribución porcentual de los usuarios de redes sociales en México en enero de 2023, por edad y género, en: https://es.statista.com/estadisticas/1139347/distribucion-redes-sociales-usuarios-edad-genero-mexico/#:~:text=En%20enero%20de%202023%2C%20casi,y%2034%20años%20de%20edad.

creativas que empaticen con ese grupo poblacional de electores.

Tal vez no haga falta mencionarlo, pero estos datos seguirán creciendo: en todo el mundo continuarán incrementándose el número de usuarios de redes sociales, con su consabida migración en el consumo de contenidos. Para ellos, más que para ningún otro grupo de votantes, es que debemos desarrollar contenidos. Es a este grupo al que hay que estudiar y con el que hay que interactuar.

Las campañas, pues, han de mutar no sólo en la preponderancia de sus canales para favorecer aquellos que las estadísticas nos indican que concentran ahora mismo a la mayoría de los votantes y —visto en perspectiva— también a los electores del futuro. Pero tendrán que hacerlo sin la anarquía que supone la adaptación sobre la marcha, y la mejor forma de hacerlo es entendiendo que esos canales están creando nuevos formatos de comunicación y, como si se tratara de una serpiente que se muerde su propia cola, también están creando nuevos públicos, con expectativas particulares sobre los contenidos que consumen. No se trata de abandonar canales de presencia mediática, tanto como de administrarlos aceptando la realidad: una en la que las redes sociales se han convertido en el nuevo campo de batalla electoral. Los medios como la televisión, la radio y la prensa, han perdido terreno, porque su propia naturaleza parece que los ha llevado al tope de su evolución y ahora mismo se ven anquilosados frente a la velocidad con la que evolucionan los medios digitales.

B. UN NUEVO PARADIGMA DE CAMPAÑA

CAPÍTULO 4.
CAMPAÑAS DE COLOR, UN NUEVO PARADIGMA DE CAMPAÑA POLÍTICA

Nada de lo que fue vuelve a ser, y las cosas y los hombres y los niños no son lo que fueron un día.
Ernesto Sábato

Si has llegado a este punto de la lectura significa que ha quedado claro el rumbo por el que se conducen las nuevas campañas electorales: las campañas actuales se mueven por la carretera de las redes sociales y lo hacen a su ritmo. Casi como una consecuencia lógica, los contenidos de las campañas también están migrando para adaptarse a esa nueva realidad de los hashtags, los microvideos, las imágenes y la interacción masiva, en tiempo real y con menos reglas de censura, de ahí que la necesidad de viralizar contenidos nos obligue a trabajar en el formato de consumo de estos usuarios: hay una dosis necesaria de espectáculo que se sobrepone a los tradicionales contenidos de antaño, en donde el *leitmotiv* de nuestros mensajes estaba ocupado por las propuestas.

Los medios de comunicación tradicional, así como sus otrora presentadores estrellas, han perdido la confianza de los espectadores y han perdido con ello importantes ingresos económicos, de suerte que las discusiones fundamentales, incluyendo las políticas, han salido de esos escaparates para migrar a las redes sociales, en donde suceden los más interesantes ejercicios de participación ciudadana en la actualidad.

El discurso político en general —tanto el de una campaña como el que se construye con fines de información de gobierno— tiene ahora un formato que ha sido moldeado por las redes sociales, un formato más cercano al del Info-entretenimiento que al del estadista, en el que la seriedad de los datos ha sido erosionada, para darle sitio a contenidos menos densos y con carácter más intimista, más humano e incluso más divertido.

Las redes sociales han propiciado el nacimiento de los influencers y con ellos hemos visto que es posible crear nuevos tipos de contenido que son ampliamente demandados por los usuarios, sin importar demasiado sus edades, sus condiciones demográficas, sus horarios, o incluso sus condiciones económicas. Desde YouTubers hasta personalidades de Instagram o provocadores en X (Twitter), todos crean contenido y todos mantienen a una tribu de adeptos que se cuentan por millones y que les generan importantes patrocinios, donaciones y la influencia suficiente para que, incluso, los partidos políticos busquen su respaldo durante las campañas electorales.

Los creadores de contenido que hoy están redefiniendo la comunicación, son hábiles para evitar las poses, los adornos y las pretensiones al momento de comunicar. Procuran que su contenido sea lo más orgánico posible y entendieron que esa autenticidad conectaba con la gente. Ellos son los que están cambiando la forma en la que creamos contenidos y la forma en la que los consumimos y lo han hecho con patrones elementales como el lenguaje sencillo, la creatividad sin restricciones ni mordazas y la disrupción, esa libertad que les proporcionan las redes sociales y que usan sin pudor. En cierto modo, las premisas de las campañas de color están relacionadas con las prácticas de los influencers y su aplicación en la comunicación política. No se trata de convertir a los políticos en figuras de entretenimiento, y mucho menos se trata de abaratar la discusión de los temas públicos banalizando su tratamiento, sino de aprovechar los elementos de comunicación que ahora mismo generan millones de vistas, para llevar nuestros mensajes a los públicos que deseamos.

En más de un sentido, los influencers han marcado la pauta sobre la forma en la que ha de diseñarse la mercadotecnia actual, incluyendo la política: más forma, menos fondo; más diversión y menos datos; más verosimilitud[27]

---

[27] Al respecto, tengo que agregar que en esto las campañas de color se parecen a la literatura de ficción: una novela, por ejemplo, no exige consistencia con la realidad (dejaría de lado su género para convertirse en, por ejemplo, un reportaje), sino que reclama «similitud» con la realidad. Una obra de ficción fun-

y menos verdad: las nuevas audiencias, esas cuya atención apenas promedia los ocho segundos, no reclaman contenidos tanto como dosis mediáticas que les exijan menos tensión cognitiva, pero que sí remuevan las emociones como si se tratara de pequeñas experiencias vividas en carne propia. Para bien o para mal, eso es más parecido a la vida real, y los consumidores de contenido han encontrado en los influencers una fuente inagotable de recursos diarios para alimentar su sed de experiencias mediáticas.

Estos influencers, pues, han moldeado a la audiencia de un modo discreto y persistente. Y lo han hecho, también, de un modo en el que han obligado a los políticos y a sus asesores de campaña, a seguir sus estrategias que suelen reportar millones de vistas y, eventualmente, millones en monetización.

El discurso de las campañas ha cambiado igual que han cambiado los medios en los que solíamos desplazarlos. Puede que estemos frente a una crisis del discurso político, pero mientras lo debatimos en nuestros pequeños círculos rojos, lo cierto es que allá afuera la vida sigue su marcha y, si la vemos de cerca, todo en ella nos dice que no hay vuelta atrás con el nuevo lenguaje que hemos de adoptar si queremos que nuestras campañas electorales sean exitosas.

¿Sencillo? Seguramente no, porque la comunicación política sigue siendo una actividad que aglutina demasiadas teorías, ciencias, profesiones e, incluso, intuiciones.

---

ciona cuando, sabiendo que se trata de una imaginería, tenemos la sensación de que es posible. La ficción es eso: algo irreal capaz de hacernos sentir que es probable. Las campañas de color pueden moverse por esa vía: la de sugerir situaciones probables.

Desde estudios de comunicación, sociología, psicología, mercadotecnia… por increíble que parezca, todo seguirá estando ahí: en esos pequeños videos aparentemente amateurs y en esas fotografías tomadas con un celular que hoy casi cualquier persona tiene.

No hay, pues, manera de abrazarse a la mentira creyendo que las redes sociales son una moda pasajera y que volveremos a la prehistoria de las campañas políticas al estilo romano. Para más, los datos sobre conectividad nos garantizan que el desarrollo de las redes sociales seguirá su inevitable marcha, porque, como sabemos, muchos de los atributos de las redes sociales han ido de la mano de la posibilidad de enviar cada vez más datos a mejores velocidades. Las modernas sesiones de streaming, por ejemplo, o el auge de los videos en YouTube o TikTok, no serían posibles sin un ancho de banda cada vez más sofisticado y económico.

En México había 80.6 millones de usuarios de internet en el registro de 2020, esto es el 70.1% de toda la población de seis o más años de edad. Esta cifra es un 4.3% superior a la de apenas dos años antes, y 12.7% más alta que la de 2015. Prácticamente tres cuartas partes de la votación en condiciones de votar son usuarios de internet, así que no hay razones para seguir creyendo que podemos pasar por alto estos medios, y mucho menos hacer como si no importaran sus propias estrategias para generar seguidores, viralizar contenidos y monetizarlos.

* * *

Sugiero que campañas de color, este paradigma electoral que propongo y que obedece a la nueva realidad en la que las redes sociales nos sitúan, humanizan la comunicación política, la acercan al ciudadano de las redes –el nuevo ciudadano de a pie–, y le confieren síntomas de novedad. Mientras que las campañas tradicionales siempre comunican de política, las de color lo hacen comunicando casi cualquier circunstancia cotidiana: desde los buenos días de un candidato, hasta los incidentes que antes eran insignificantes y desconocidos («Vine a cortarme el pelo…»; «Estoy en una cena familiar…»; «Me encontré con este artista conocido en el aeropuerto…»). Y lo hacen con una variedad de formatos y canales que, por increíble que parezca, son seguidos por millones en tiempo real: desde podcast, hasta videos para YouTube o TikTok, sketches y, en general, formatos y espacios sin demasiadas restricciones que son los mismos que usan cada día los electores y con los que es posible generar un efecto de cercanía con ellos.

A través de estos canales y formatos, las campañas de color generan contenidos centrados en el candidato, en su vida, en sus motivaciones, en sus actividades más triviales. Y lo hacen como lo harían los propios electores, con los mismos recursos, en las mismas plataformas y, de alguna manera, los contenidos son también del tipo del que esos electores podrían generar. De cierto modo, la actividad de los políticos en las redes sociales ha bajado de un pedestal para colocarse al nivel de lo que hace el común de los usuarios. Entre los elementos más importantes de una campaña de color señalaría los siguientes.

MANTIENEN SU ENFOQUE EN EL PERSONAJE

Las campañas tradicionales están enfocadas en la política y en particular en las propuestas. Enfocadas en un perfil puramente informativo, pierden de vista el hecho de que los votantes también valoran sus decisiones en función del personaje y del estilo de vida y valores que proyecta. No estamos en la época en la que las instituciones están por encima de todo, porque las redes sociales nos han demostrado que una sola persona es capaz de generar millones de vistas y ser en sí misma una personalidad y una empresa. Los electores votan en espejo: apoyan a aquellos en lo que se ven reflejados, representados, aquellos con lo que sienten familiaridad, simpatía, una filiación casi cualquiera. Las personas, en síntesis, ahora apoyamos a otras personas, no necesariamente a las instituciones que representan, por más que el voto duro persista en las generaciones que representan a los votantes de mayor edad.

Cuando el equipo de fútbol Paris Saint-Germain (PSG) anunció la contratación de Lionel Messi en agosto de 2021, la cuenta de Twitter del PSG ganó 4 millones de seguidores apenas en el anuncio de la contratación. ¿Eran nuevos aficionados al PSG? En definitiva no. Eran aficionados de la persona, no del equipo. Y lo mismo sucede con los influencers, se trata de personas como casi cualquier otra, que empezaron creando contenidos tal vez sin pensar el alcance que tendrían y que, de repente, vieron cómo crecían por millones sus seguidores y sus cuentas bancarias. Desde el punto de vista de las campañas políticas esto deja entrever el hecho de que los votantes también votan por las personas y no sólo por sus propuestas. Por esta razón, las campañas de color hacen énfasis también en la personalidad de los candidatos y candidatas, en sus vidas, en sus detalles cotidianos, en su autenticidad e –incluso– en algunas crudezas. Las campañas de color humanizan a la persona y centran su narrativa en la construcción del personaje y, aunque no intentan anular las propuestas de campaña, le proporcionan su justa dimensión: una dimensión en la que los usuarios de las redes sociales están dispuestos a aceptar tales discursos sólo antes de que su atención sea distraída por otros contenidos.

USAN CANALES VIRTUALES

Las campañas de color son flexibles en cuanto a los canales que usan para desplazar la comunicación. Contrario a lo que pareciera, la intención no es relegar a los medios tradicionales como la televisión, la radio y los medios impresos, sino colocarlos en su dimensión actual. No se trata de prescindir de ellos, pero tampoco de negar la realidad: las grandes concentraciones públicas hoy han sido reemplazadas por los videos, mientras que los extensos y animosos discursos han cedido su espacio a mensajes simples, sencillos y directos. Y si de medios hablamos, los que fueran reyes y señores de la publicidad ancestral, como la televisión, la radio o los periódicos, hoy han tenido que ceder ante la fuerza del internet y las redes sociales.

Esto significa que los esfuerzos y los recursos de la campaña tienen que estar alineados con esta nueva condición, en donde, como ya se ha visto, la población votante ahora se concentra en las redes sociales. La televisión sigue siendo un medio importante para llegar a ciertos lugares remotos en donde el internet todavía no lo ha hecho, pero lo hace a un precio altísimo si lo comparamos con lo que ofrecen plataformas como Facebook, YouTube, X, Instagram o incluso Google Ads. Y, por supuesto, la televisión carece del impacto de medición, control y cambios en tiempo real. ¿Cuánto nos costaría hacer un pequeño ajuste en televisión si nuestros indicadores nos dicen que un video que nos llevó dos semanas producir no está funcionando? En las redes sociales, podemos responder a este tipo de ajustes casi de inmediato y a un costo con el que las televisoras simplemente no pueden competir. Ahora imaginemos una situación de control de daños, ¿a cuál canal le confiaríamos la velocidad de respuesta? Las mañaneras de López Obrador funcionan bien para atajar la discusión pública, pero, dado que no se transmiten los fines de semana, los opositores aprovechan para lanzar contenidos que no serán interceptados sino hasta el lunes. Por ejemplo, los reportajes del portal Latinus son lanzados los viernes, justo después de la mañanera de ese día; cualquier cosa que el presidente deba de aclarar terminará haciéndolo hasta el lunes. Hay un largo impasse de 48 horas en las que, ciertos o falsos los reportajes, terminarán ciñéndose sobre la opinión pública.

Supongo que este es uno de los atributos esenciales de las campañas de color, el hecho de que sus contenidos se desplazan por las más importantes plataformas de redes que existan en cada momento. La novedad en las campañas electorales es que el *delivery*, la forma de entrega, es ahora tan importante como el mensaje. Y esto conlleva un nuevo reto: el de que los políticos se adapten a este *delivery* y el de que, por este sólo hecho, las campañas de color podrían no ser la mejor alternativa para la personalidad de algunos candidatos.

PERSONALIZAN, NO TROPICALIZAN

Si las campañas de color hacen énfasis en la persona y en el *delivery*, ¿cualquier candidato o candidata funcionará con este tipo de campañas? Una campaña de color es única; dado que se confecciona la medida de la persona es posible que el personaje (el candidato, la candidata) logre amoldarse con naturalidad a las estrategias. Mientras que en una campaña tradicional se trata de meter a los candidatos a un cierto molde de virtuosismo, en las campañas de color construimos alrededor de lo que ya existe. No necesitamos que la personalidad finja lo que no es, porque una parte de su atractivo consiste, justamente, en mostrarse como es. Los candidatos tienden a sentirse cómodos, porque no se les demanda ni se les entrena para ninguna actuación, sino que muestren las diversas versiones de sí mismos.

Las campañas, vistas así, se vuelven historias que vamos contando en trozos a los electores y que rara vez requieren de un continuista para cazar las inconsistencias que aparecen cuando construimos esas vidas ejemplares que, lejos de parecer ficciones noveladas, tienden a semejar pasajes bíblicos. En la precampaña de Xóchitl Gálvez, la candidata a la presidencia de México por el FAM (Frente Amplio por México), hemos visto una cantidad inusual de tropiezos de este tipo. La campaña no parece tener claro el tipo de personaje que encarna la candidata, ni tampoco es evidente el tipo de votante que busca. Llevada por sus propias paradojas, Gálvez se ha declarado indígena y se ha montado en una historia de *autoself made* que rápidamente ha sido descalificada con información sobre supuestos tráficos de influencias cuando fuera funcionaria pública; y lo mismo se ha dicho trotskista mientras declara sus afinidades con el libertarismo de Javier Milei. Pero tal vez la anécdota más chusca —otro eufemismo— sea aquella en la que, durante una entrevista, señaló que su padre «...era tan borracho que nunca construyó una casa»; unos días después, en un mitin, dijo: «Le agradezco a ella (su madre) y a mi padre por haberme enseñado el valor del trabajo y de la honestidad». En el afán de construir personajes perfectos, ejemplares, ajenos a lo que somos los seres humanos, estos mismos personajes tienen conflictos para desarrollar sus papeles. Una campaña de color explotaría los aspectos genuinos de las personas y haría que éstas dejaran de sentir que están montadas perennemente sobre un estudio de televisión portátil.

La autenticidad está en auge. La verdadera autenticidad. El contenido espontáneo se nos revela como una disrupción frente al acartonamiento habitual de los políticos, y sobre la maraña de sus mensajes. Los nuevos modelos de comunicación —esos que los influencers nos han enseñado que funcionan— privilegian lo auténtico por encima de los guiones al estilo de la WWE, en donde, por si algo faltaba, los luchadores resultan ser mejores actores que los políticos.

Pero volvamos a la pregunta inicial de este apartado: ¿las campañas de color son adecuadas para cualquier persona? No, en definitiva. Y la razón es sencilla: porque no todas las personas se sienten cómodas colocándose en un techo de cristal. Los políticos, por increíble que parezca, también existen en la modalidad de discretos y no a todos les fascina la idea de ser exhibidos con profusión, y tampoco les maravilla la idea de mostrar a sus familias como la porción de un paquete publicitario. Por otra parte, existen personalidades que se sienten cómodas con un estilo de ser más flemático y sienten un conflicto emocional y cognitivo cuando se les saca de su modo de ser o cuando se les solicita cierta improvisación. Estos candidatos difícilmente serán atractivos para las redes sociales y tal vez se sientan más cómodos con las viejas campañas, en donde cada movimiento y palabra están descritas en un guion.

CREAN PRODUCCIONES «AMATEURS» APROPIABLES

A diferencia de las campañas tradicionales, en las de color la producción de contenidos puede ser de carácter no profesional. Este elemento no sólo baja costos, sino que permite que el modo de entregar el mensaje sea como el que el propio usuario de redes podría crear con sus recursos. Además, en una época en la que la velocidad es un imponderable cotidiano, la pre y post-producción profesionales degeneran en un desatino de tiempo: eventualmente, esperar por una producción profesional hará que lleguemos tarde a la discusión pública. Pero cuidado: que la producción se haga con un tinte no profesional en cuanto a sus herramientas, no significa que el contenido deba ser malo, amateur o que se deje al azar. Por el contrario, como ya lo he subrayado, todos los contenidos de nuestra campaña han de estar alineados con un paradigma comunicativo y con una estrategia. Por ingenuas que parezcan, nuestras producciones han de ser, en el fondo, pensadas cuidadosamente para que transporten el mensaje que queremos comunicar, por más que en la forma puedan parecerse a los que otros usuarios de redes sociales harían. El toque amateur le conferirá credibilidad y autenticidad al mensaje, pero el fondo es el que delatará que está hecho por un equipo de profesionales.

Este tipo de producciones, de toque falsamente «ingenuo», tienen otra particularidad: son apropiables. Esto significa que los recursos usados en ellas y su condición semiprofesional facilitan que los usuarios las hagan suyas y tengan la posibilidad de reproducirlas en más de un sentido. Igual que los seguidores de un político hacen sus propias lonas impresas y las colocan en las afueras de sus casas, los seguidores en redes sociales pueden hacer sus propias publicaciones, casi de cualquier tipo, siguiendo más o menos las mismas pautas de producción y la misma estética de los originales. Eventualmente, el uso de herramientas de diseño que son usadas por los propios simpatizantes, facilita este proceso de apropiación y replicación. No deberíamos de sentir pudor por dejar de lado las herramientas para profesionales en cuanto a diseño o edición de audio y video, si actualmente existen una infinidad de aplicaciones y páginas web con soluciones rápidas, económicas (incluso gratuitas) y compatibles con las redes sociales; muchas de ellas, incluso, desarrollan una gran cantidad de recursos prediseñados que se adaptan específicamente a ciertas redes sociales. Aplicaciones como Canvas, están ampliamente difundidas entre los usuarios de internet y ofrecen la posibilidad de que, quien se sienta identificado con un movimiento político, pueda hacer sus propias versiones de propaganda.

INCIDEN SOBRE EL VOTO DURO Y LOS INDECISOS

Puede que no hayamos hecho esta pregunta con suficiente insistencia, pero ¿las campañas son capaces de cambiar el sentido del voto de los electores? Pareciera que es un tema que damos por sentado (el hecho de que las campañas tienen ese toque mágico capaz de sembrar la semilla de una decisión, haciéndonos creer que ha sido nuestra voluntad, como un Leonardo DiCaprio cualquiera en el *Inception* de Nolan). En última instancia, lo que deseamos es incidir en una decisión de la que no tenemos datos para seguir. Las encuestas no se basan en el seguimiento de electores particulares, de modo que no podemos asegurar que las campañas son la variable que les haga cambiar una decisión que podría ser dispar: ¿puede una campaña hacer cambiar el sentido del voto de quien ya lo tenía decidido? ¿Puede incidir en la decisión cuando el elector no tenía una preferencia previa? ¿Puede ser el fiel de la balanza de los electores indecisos?

Es difícil precisar las respuestas, pero sí podemos determinar con claridad que las campañas tradicionales difícilmente atraen a nuevos votantes, porque parecieran centrarse en el votante duro, en aquellos que ya tenían más o menos definido el sentido de su votación, incluso con independencia del candidato o candidata. Existe en estas campañas un prototipo de personaje indiferente a los que pululan en las redes sociales: el candidato impoluto, ajeno a los defectos y distante de lo que representan los votantes. Dado que en este tipo de campañas existe poco interés sobre la intimidad de la persona, da un poco lo mismo votar por cualquiera que un partido designe; los votantes seguirán eligiendo por razones que son ajenas a un protagonista, igual que los seguidores de una saga como *El señor de los anillos* seguirán llenando las salas de cine sin importar demasiado la introducción de nuevos actores.

Las campañas de color, en cambio, insisten en los detalles del personaje y construyen alrededor de él una narrativa de figura cercana a los electores. No construyen sus mensajes alrededor de propuestas (al menos no primordialmente), sino alrededor del ser humano, y eso es lo que permite que sus posibilidades de cambiar el sentido de un voto sean reales. Difícilmente cambiaremos el sentido de una decisión por razones ideológicas, porque la condición racional está asentada fuertemente en el votante y se ha instalado ahí por años. En cambio, nuestras emociones son flotantes y dependen de circunstancias a veces variopintas y difíciles de establecer: esa película que hemos visto por años puede que ahora nos haga llorar, cuando la madurez y las experiencias nos hacen entender, por ejemplo, fenómenos como la muerte, la ausencia, la soledad, la solidaridad, la importancia de la familia, etc. Es decir, sentimientos que en otras condiciones podrían tener diferentes efectos en cada persona. Mientras que nuestras filias ideológicas son inevitablemente estables, nuestras respuestas emocionales no lo son, y por eso algunas decisiones son susceptibles de cambios si sabemos tocar las fibras correctas de los electores.

CONVIERTEN EL ERROR EN CONTENIDO Y VENTAJA

En la vida moderna, las cosas positivas se vuelven cada vez más frecuentes, mientras que las negativas se hacen cada vez más excepcionales, y eso genera una percepción de que las cosas buenas dejan de ser buenas para convertirse en trivialidades, mientras que las cosas malas se sobredimensionan en su excepcionalidad. ¿Hay cierta necesidad de introducir elementos catastróficos en la vida por temor al aburrimiento? Pensemos, por ejemplo, en todo lo que nos ofrece la vida moderna en comparación con la Edad Media: servicios de salud, derechos humanos, drenaje entubado, medios de comunicación digital, vuelos que nos evitan viajes que antes duraban meses, trenes de alta velocidad, eficiente transporte local, supermercados con una infinidad de opciones para carnívoros y veganos, opciones de entretenimiento nunca antes vistas, derecho al voto, derogación de la esclavitud, igualdad... con sus bemoles, la lista es infinita para darnos cuenta de que vivimos la mejor época posible, ¿o hay algo en lo que sea mejor la Edad Media? Y, sin embargo, apenas cancelan nuestra cuenta de Instagram sentimos que el mundo se nos viene encima y comenzamos a suponer el peor de los escenarios posibles: ¿Qué clase de dictadura es esta en la que me cierran la cuenta? ¡No hay libertad de expresión! ¡Estábamos mejor hace años! Si se retrasa un vuelo: ¿En qué clase de república bananera vivimos? ¡Perderé un día de vacaciones! O si nos cae mal la salsa de ese restaurante al que hemos ido cien veces y en todas hemos tenido experiencias magníficas: ¡Cero de cero en calificación, lugar fatal, casi me muero! Sí, todos tenemos derecho a esas quejas y a vivir a nuestro modo los infortunios, pero, en perspectiva, sobredimensionamos las pequeñas tragedias, mientras que las bondades se han convertido en fruslerías que apenas percibimos.

Alguna vez escuché esta idea de voz de Fernando Savater y me había estado vueltas durante algún tiempo, ¿será que tiene algún sentido en la comunicación política o sólo me gira en la cabeza por mi afición a la queja? Me parece que se relaciona y que encaja con una parte esencial de las campañas de color. En un contexto electoral, significa que las bondades de una campaña y de un candidato pueden erosionarse fácil y rápidamente en cuanto se vuelven fútiles, mientras que cualquier elemento negativo será señalado con desproporción e, incluso, hasta con cierto placer creativo, porque no pasarán unos minutos sin que las redes se llenen de hashtags y memes festejando la desventura de los otros.

Los usuarios miran con cierta normalidad algunos atributos de los personajes públicos, y por eso están más atentos a una disonancia de comportamiento: estamos a la espera del error, porque es inusual y nos proporciona un tema de conversación, mientras que los aspectos positivos de las personas se van asentando en el día a día como partes del paisaje. En las redes sociales, esta posibilidad de ser sentenciados en nuestros errores, está presente a cada segundo y los equipos de campaña han de estar preparados.

Las campañas de color ofrecen la posibilidad de disminuir el carácter de gravedad a muchos de los temas que podrían parecer comprometedores o difíciles de controlar en otro tipo de campañas o en canales como la televisión o la prensa. El hecho de que desnudemos las minucias diarias de los candidatos, ya les exhibe como personas con virtudes y errores, seres con la madurez suficiente para administrar sus propias miserias, que, al compartirse, desactivan gran parte de un posible efecto negativo. No hace falta que un candidato aparezca en cadena nacional dando explicaciones laberínticas sobre sus errores; si construimos con persistencia al personaje humanizado, los electores verán con cierta naturalidad la aceptación de sus yerros.

En las redes sociales, los influencers asumen que el material de sus contenidos es su vida, el día a día. No suele haber una narrativa fantasiosa, y una parte de su éxito radica en que los usuarios desean conocer justamente eso: la «realidad». No es un descubrimiento nuevo, porque desde la televisión y los libros de autoayuda ya teníamos indicios del interés de los grandes públicos por conocer la intimidad de personajes famosos, convencidos —tal vez— de que ello les develaría una fórmula de éxito imitable. Sin embargo, las redes sociales nos han demostrado que los usuarios también se muestran interesados por otro tipo de vidas, más «normales», y que ya no buscan solamente un posible prototipo de éxito, sino simplemente conocer la intimidad de las personas con fines recreativos.

Compartir las trivialidades cotidianas genera empatía con el personaje. A lo largo de una campaña, los votantes suelen conectar emocionalmente con la persona. Subrayo: con la persona, no con el candidato o candidata, no con la celebridad, sino con la persona. La empatía, esa capacidad humana de comprender y compartir los sentimientos de los otros, esa capacidad que nos lleva a ser considerados y receptivos con nuestros amigos y familiares, es la que nos permite tocar las fibras de los electores. Cuando creamos contenido con la familia del candidato, con sus hijos, padres, maestros… lo que estamos haciendo es suspender los juicios críticos sobre la persona, mermar el ímpetu cognitivo y dar cauce abierto a las emociones.

En cierta campaña, hace apenas un poco, un candidato insistía en la necesidad de generar contenidos con «personas importantes de su partido y patrocinadores de su campaña», su paradigma comunicativo se perfilaba por esa obligación cupular que poco o nada tenía de relación con nuestros objetivos: no pagar anticipadamente ningún compromiso, sino ganar electores. Fue difícil convencerle de que esas fotos y videos mostrándole con la cúpula de poder partidista no le decían nada a los votantes. Se trataba de esfuerzos de campaña dirigidos a paliar su propia ansiedad de militante, pero nada nos decía que esos contenidos fueran buenos para ganar una elección. Para más, algo obvio que a veces pasamos por alto: esos esfuerzos agotan los recursos siempre limitados de una campaña y ponen al candidato en un escenario irreal: el escenario de que la victoria puede darse por sentada.

Al final, logramos convencerlo de que era mejor mostrarlo con su familia. Aceptó a regañadientes. Llegamos un domingo a la casa familiar para grabar escenas con su madre, una mujer entrada en sus ochentas, amable, de modales suaves y sencillos. Ella salió a recibirnos con mandil, esa prenda tan usada en México para evitar que la suciedad de la cocina nos eche a perder la ropa, y que muchos recordamos porque ahí nos fundimos –más de una vez– en un abrazo de amor con nuestras madres o abuelas. Grabamos y levantamos fotografías, mientras el candidato empezaba a entender la gran diferencia que hay entre levantarle la mano a los líderes de su partido y abrazar a su madre, que lo recibía con ese mandil en el que su niño interior seguía siendo consolado. Estaba emocionado hasta las lágrimas. Lo que para nosotros era una sesión de trabajo, para él se había convertido en una terapia de choque en la que descubría el gran amor de esa madre que lo recibía con su «ropa de trabajo», porque ya lo esperaba con sus chilaquiles, doraditos, como dijo que le gustaban. No está de más decir que todos desayunamos chilaquiles ese día, y que desde entonces recordamos con enternecimiento la escena. Tampoco está de más decir que la campaña fue un éxito, porque ese mismo efecto que nosotros habíamos tenido al presenciar la escena en vivo, pudo ser trasmitido en redes sociales con casi el mismo resultado. No había necesidad de grupos focales: la emoción que sentíamos era real y era la mejor evidencia de que estábamos en el camino correcto. Ese día, no sólo obtuvimos buenos materiales para la campaña; también descubrimos al candidato genuino que podía conectar con el votante. Y lo más importante: una parte de él se reencontró para darle a la campaña matices más humanos.

SON TAN CREATIVAS COMO EL MEDIO LO PERMITE

Que las campañas electorales se hayan desarrollado del modo en el que lo han hecho hasta ahora no es gratuito. Cuando la mercadotecnia se desprendió de uno de sus brazos para especializarlo en la política, sucedió lo que suele suceder con muchos fenómenos que se mimetizan: las campañas se fueron pareciendo menos a la mercadotecnia y más a la política, a los partidos y a quienes personificaban ambas cosas. Así, la mercadotecnia de las campañas se fue acartonando y fue perdiendo su característica creatividad. Las organizaciones políticas no son precisamente una fuente inagotable de ingenio, y tampoco son ambientes propicios para la innovación o que permitan la adaptación a nuevos modos de ser. Muy al contrario, son organismos de evolución pasmosa en los que cada pequeño cambio ha de discutirse amplia y lentamente[28].

En contraposición a estas prácticas anquilosadas en el pasado, enfocadas en el voto duro y sofocadas por un exceso de política, las campañas de color tienen su origen en las redes sociales y su creatividad es casi inherente a esta naturaleza, porque difícilmente pueden paralizar su desarrollo: mientras las redes sociales, las aplicaciones y, en general, el Internet se sigan desarrollando, las campañas de color no tendrán otra alternativa que adaptarse a este vertiginoso progreso.

---

[28] En contraparte, quiero subrayar el hecho de que esta lentitud es también parte inherente de las democracias, porque la única manera de ejecutar cambios sin consultas extenuantes, es cuando las decisiones se tornan dictatoriales.

Por otra parte, ¿hay algo que nos haga creer que los contenidos que desarrollamos van a menguar su exigencia creativa? Las campañas políticas pelean por ganar un espacio en la atención de los electores, esos que exigen un impacto inmediato porque su atención se ha reducido y los estímulos son cada vez mayores, así que —y esta es una hipótesis— supongo que la demanda será cada vez mayor y tendremos que aprender a desarrollar argumentos más sintéticos y también más inventivos, antes de que los nuevos públicos aprendan a esquivar nuestros contenidos.

USAN NUEVOS CÓDIGOS Y MODELOS DE COMUNICACIÓN

En más de un sentido, la pandemia de Covid-19 puso a prueba a muchas actividades en el mundo. Las editoriales, por ejemplo, vieron que de pronto se cerraban las librerías, y con ello se cancelaban los ciclos de venta que permitían que el libro en papel llegara al consumidor final. Muchos intermediarios se quedaron sin actividad y sin ingresos, desde impresores hasta quienes se dedicaban exclusivamente a la mediación entre editoriales y libreros. Muchas de esas editoriales no habían pensado en la posibilidad de un escenario como ese y seguían produciendo ejemplares en papel que dependían de una cadena de distribución física, incluso editoriales de gran tamaño, a las que esa condición les dificultó cualquier adaptación rápida. Pero las pequeñas editoriales independientes sufrieron por igual, porque carecían de los conocimientos técnicos para migrar sus ediciones del papel a otros formatos. Así que, con independencia de su tamaño, las editoriales que mejor navegaron entre la intemperie de la pandemia, fueron las que con antelación habían migrado sus ediciones al mercado virtual. En ese momento, muchas de las que no lo habían visto, entendieron que los libros electrónicos, los audiolibros y las ediciones impresas sobre demanda eran una solución viable para un periodo del que, en ese momento, no se tenía una idea clara de cuánto iba a prolongarse. La edición sobre demanda había sido lanzada por Amazon desde finales de 2007, haciéndole coincidir con su plataforma de libros electrónicos, Kindle, y su aplicación de audiolibros, Audible, existía desde 1995, cuando Amazon empezó –también– su negocio de venta de libros físicos. ¿Cómo era posible que editoriales de todos los tamaños dejaran pasar tantos años sin adaptarse a esta tecnología? Con o sin la pandemia, el mercado de los libros sobre demanda, ebooks y audiolibros, representaba ya millones de dólares en ventas anuales[29] y hoy es el único canal que posibilita que obras locales sean vendidas en prácticamente cualquier rincón del mundo.

Mi punto es que, eventualmente, existen actividades que se mantienen en un cómodo letargo durante muchos años, hasta que una situación catastrófica les hace que se cimbren y sólo así reaccionan al cambio. Para la comunica-

---

[29] De acuerdo con datos de Statista, la venta de libros representó el 15% de los ingresos de Amazon en 2021 (es decir, durante la pandemia), lo que representa casi 70,500 millones de dólares. Disponible en: https://es.statista.com/estadisticas/827421/ingresos-netos-globales-de-amazon-por-ventas

ción política ese periodo también fue el de la pandemia por el Covid-19; en esa etapa, muchos consultores que jamás previeron la posibilidad de tener que abandonar las campañas a tierra, vieron con nerviosismo cómo se derrumbaban sus estrategias porque, en ese contexto, carecían de sentido y se habían vuelto repentinamente imposibles. En México, hubo quienes supieron adaptarse sobre la marcha y lograron sobrevivir con cierta dignidad en las elecciones intermedias de 2021. Hubo otros que no pudieron sobreponerse, y los hubo —también— quienes ya habían entendido que las campañas electorales tenían que migrar a las redes sociales y la pandemia les representó una oportunidad para poner a prueba esa visión.

Sin embargo, para quienes intentaban sobrevivir, la dificultad no estaba en esa migración de sus *deliverys* habituales a las redes sociales, sino en entender sus códigos. ¿De qué servía migrar de plataforma si no entendían su lenguaje? Sucede con la migración: migrar no significa sólo cambiar de tierra, sino adaptarnos a sus costumbres y lenguaje. Mientras no nos adaptamos a eso, seguimos siendo extranjeros.

Estos nuevos códigos son una característica de las campañas de color, y su diestro manejo suele significar la gran diferencia entre una verdadera estrategia virtual y una que solamente lo simula. No basta con ser aficionados a las redes sociales y conocer lo que significan los reels, las stories, los hashtags o los canales de difusión de Instagram, porque el primerizo en esos terrenos suele entenderlos como formatos de presentación y pasará por alto el valor que tienen como formatos de interacción bidireccional. Un consultor electoral ha de tener el dominio de lo que significa el lenguaje de cada uno, el ingenio para montar en ellos parte de su estrategia y la habilidad técnica para obtener indicadores de éxito.

A principios de nuestro siglo, la comunicación unidireccional era todavía la norma. Incluso el esquema clásico de Ferdinand de Saussure esquematizaba un panorama de una sola y estática vía de comunicación, un dibujo que las redes sociales han desbaratado con su Babel de ruido simultáneo. La tecnología sólo permitía interacciones de una vía y los intentos de interacción son ahora vistos como cándidos gestos de una comunicación dinámica, apenas semejante a los dibujos que nuestros ancestros nos dejaran en las cuevas para dejar constancia de sus cacerías.

Antes de la llegada de las redes sociales –incluso con la existencia del internet– la mercadotecnia se basaba en la emisión de mensajes masivos en un sólo sentido. Una vez entregado el mensaje no había respuesta; los receptores eran como pasivos maniquíes con los que la tecnología no había encontrado aún la forma de establecer una conversación. Eso cambió cuando el desarrollo del internet devino en la posibilidad de millones de interacciones simultáneas; de repente, los lenguajes de programación, la capacidad de los servidores y la infraestructura de conexión se alineaban para propiciar esos diálogos de ida y vuelta entre marcas, amistades lejanas, personajes públicos… y sí: entre los candidatos y sus electores.

Estos nuevos códigos y modelos de comunicación han tenido un boom desde que naciera Facebook hace exactamente dos décadas (2004), y más aún desde que –dos años después– se abrieran al público, luego de que naciera como una especie de anuario para los alumnos de Harvard. Desde entonces, Facebook y otras plataformas de redes sociales como Instagram y WhatsApp (todas propiedad de Meta), o como X (Twitter), TikTok y Youtube, siguen acumulando usuarios, en gran medida gracias a que el desarrollo de sus herramientas y códigos no se detiene. Las campañas de color, pues, no inventaron las interacciones ni intentan descubrir un hilo negro que le dé sentido a los códigos de las redes sociales; lo que sí subrayan es la urgente necesidad de entender estos códigos a la misma velocidad con la que van apareciendo, aprender a darles un sentido dentro de nuestras estrategias de comunicación y convertirlos en productos de interacción bidireccional que nos mantengan en la discusión pública tanto como sea posible.

La torre de Babel simboliza la dificultad humana por el entendimiento y es, al mismo tiempo, una lección sobre la soberbia. Según la leyenda bíblica, en el origen, toda la humanidad hablaba un mismo idioma, hasta que un día los hombres decidieron construir una torre para llegar al cielo. Dios vio en este acto el asomo de la arrogancia y creó diferentes lenguas para que sus constructores no pudieran entenderse y se obligaran a encontrar un código común.

Tengo la impresión de que, como una torre de Babel, las redes sociales pueden ser un acertijo comunicativo que seguirá creciendo irremediablemente, pero que, a diferencia de la soberbia por llegar a las alturas de Dios, los consultores políticos debemos de actuar con modestia, aceptando que desenmarañar los siempre renovados lenguajes de las redes sociales, volverlos sencillos y aplicables en nuestras estrategias, va ser, sin asomo de duda, una carrera en la que siempre tendremos que ir un paso atrás. Y eso es bueno, porque se trata de un recordatorio de que nuestra búsqueda por desarrollar mejores estrategias, es siempre un proceso colectivo e inacabado.

SON DIRECTAS, DIDÁCTICAS Y DECODIFICABLES

Originalmente, el paradigma de las campañas de color fue una iniciativa que tuve para intentar entender el fenómeno político de Rodolfo Hernández, el entonces candidato presidencial de Colombia. La campaña de Hernández fue atípica: un candidato rondando los 80 años y que se niega a asistir a los debates, al tiempo que rehúye de confrontaciones con el candidato opositor, tal como si hiciera una carrera en solitario. Además, evitaba los eventos masivos y los discursos por el temor de hacer declaraciones no controladas. En contraparte, realizó una intensa campaña en redes sociales, incluyendo TikTok en donde alcanzó cifras impresionantes de más de 600 mil seguidores. El portal Euronews.com[30] lo llamó «el Rey del TikTok en Co-

---

[30] *Descifrando la campaña de Rodolfo Hernández 'El Rey de TikTok' en Colombia.* En: https://es.euronews.com/2022/06/10/the-cube-descifrando-la-campana-de-rodolfo-hernandez-el-rey-de-tiktok-en-colombia

lombia», mientras los usuarios lo llamaban con familiaridad «el viejito de TikTok». En su cuenta oficial de Twitter, el equipo de campaña aclaraba que no solicitaban fondos, sino «apoyo digital y de difusión del contenido». Para más, su cierre de campaña fue digital. El mismo portal Euronews calificó su campaña como polémica, pero eficaz. ¿La razón de todo? Su asesor de campaña era Víctor López, el reconocido asesor español que encabezó la campaña de Nayib Bukele a la presidencia de El Salvador, y que asesoró a Trump en su campaña de Florida con los electores latinos. Según López, la estrategia para promover a Hernández era sencilla: «Olvidar las vallas de publicidad y los anuncio en la televisión, y repetir un discurso fácil y directo, todas las veces que sea posible»[31].

¿En serio? ¿Un discurso fácil y directo? Sí, y no hay mucho por explicar, a menos que creamos que un discurso complejo y laberíntico sería más sencillo de fijar entre los electores. ¿Por qué no se nos ocurrió antes? Tal vez por la misma razón por la que a la Federación Internacional de Tenis le llevó casi cien años darse cuenta de que las pelotas amarillas eran más visibles que las blancas.

Ahora, el hecho de que las campañas virtuales sean directas hace suponer que pueden influir en las decisiones de los ciudadanos, tanto porque sus contenidos son fácilmente codificables, como porque sus entregas ya no dependen de una tercerización mediática o un interlocutor que ofrezca sus propias versiones: el mensaje puede llegar directo de la fuente. Por ejemplo, las conferencias mañane-

---

[31] Ibidem.

ras de López Obrador han demostrado ser profundamente didácticas en el sentido de que instruyen a la audiencia a tomar partido sobre determinados temas. Los resultados del estudio de Díaz, Ramos y Meza[32], sugieren que los contenidos en redes sociales pueden ser altamente didácticos y guiar la confianza de los usuarios en torno a los medios de información:

> *«Los resultados de nuestros análisis de regresión lineal múltiple muestran que los medios y las instituciones que usualmente han aparecido como adversarios del gobierno en el discurso presidencial, muestran menores niveles de confianza entre los encuestados que se han expuesto más a las conferencias mañaneras. Por el contrario, las instituciones que se consideran aliadas del Presidente gozaron de mayores niveles de confianza entre los ciudadanos que utilizaron las mañaneras como fuente principal de información política durante las campañas»[33].*

La triada «directo, didáctico y decodificable», es una condición inherente a las campañas de color y es lo que permite que podamos establecer comunidades digitales con las que es posible comunicar de un modo bidireccional. Durante años, la política ha estado llena de liturgia,

---

[32] Díaz Jiménez, Oniel Francisco *et al.*, *Los efectos de la comunicación presidencial en la confianza en las instituciones políticas y las noticias de los medios en las elecciones intermedias de 2021*, Revista Mexicana de Opinión Pública: Núm. 25 (2023): Julio-diciembre. Disponible en: https://www.revistas.unam.mx/index.php/rmop/article/view/85574

[33] Ibidem. Se refiere a las campañas intermedias de 2021.

formalidades y protocolos, y las redes sociales han venido a cuestionar si eso realmente sigue siendo útil para conseguir objetivos de campaña que hoy, más que nunca, están lejos de conseguirse en las plazas. Las campañas de la era social network, son irreverentes, creativas, disruptivas, altamente llamativas, espontáneas, incluso divertidas… y, sin embargo, en su economía de lenguaje y recursos pueden ser altamente directas y pedagógicas.

SON RÁPIDAS, PERO NO FUGACES

No podemos basar nuestras premisas de comunicación en estrategias viejas. Las premisas de hoy, seguramente perderán vigencia al paso de unos meses y los usuarios serán capaces de hacerles la prueba del Carbono 14 en segundos. Todo cambia muy rápido en una época en la que la sociedad siente que perder un segundo es perderlo casi todo. Estamos abrumados por la velocidad a igual escala que por los contenidos, y uno de los retos de las campañas de color consiste en compaginar su velocidad de producción, al tiempo que intenta que la fugacidad no se apodere de su existencia. Queremos responder a la inmediatez de la vida en las redes sociales, pero no queremos esfumarnos como personajes de los Avengers venciéndose al chasquido de Thanos.

Las redes sociales han cambiado muchas cosas y el sentido de la atención es una de las más importantes. No sólo se ha reducido la capacidad de los usuarios por concentrar su atención sin que otros contenidos les distraigan, sino que su capacidad de lectura también se ha dispersado. No es casualidad que hoy, más que nunca, los portales de noticias acudan al clickbait, esta práctica de exagerar o tergiversar cualquier noticia con el fin de aumentar el tráfico a los sitios web y elevar así las estadísticas de visitas, ¿para qué? Para monetizar con la publicidad. El clickbait se basa en el hecho de que los usuarios hacen un rápido barrido de los cabezales noticiosos, pero hacen poco análisis de la información secundaria. Esto, sin embargo, delata que los usuarios han mutado sus estrategias de selección informativa: la gente sigue escaneando información, pero lo hace cada vez más rápido y se concentra en los contenidos que se relacionan con sus necesidades, aficiones, aspiraciones… y lo hace en función de la familiaridad de esos contenidos, de lo que suponen en la reafirmación de sus propios paradigmas y, por supuesto, en función de la calidad del estímulo.

Las campañas electorales son, pues, un territorio de disputa en donde se pelea por la atención de los electores. Desde ahí se trata de retener, persuadir, atraer y de llevar a buen puerto nuestros objetivos estratégicos, y lo hacemos ceñidos a la condición del tiempo: queremos construir contenidos de gran impacto en el menor tiempo posible y, a la vez, necesitamos que esos contendidos perduren tanto como sea viable en la discusión pública.

Las campañas de color consideran este requerimiento y suponen que es posible lograrlo si seguimos las pautas que aquí enuncio. En gran medida, esto significa un reto creativo que inicia con la aceptación de que es posible y de que los casos de éxito abundan en internet: ¿es posible esta diada de contenidos rápidos, pero no fugaces? Los YouTubers lo saben mejor que nadie, porque una parte importante de su monetización proviene de viejos contenidos que continúan siendo atractivos para la gente.

* * *

No quiero finalizar este trabajo sin deslizar un cuestionamiento que, seguramente, saltará como un resorte en cuanto las páginas del libro sean cerradas. Durante el desarrollo de esta obra he descrito un tipo de comunicación política que es muy distinta de la que marcan los protocolos de la política tradicional. Sí, he bosquejado, al menos, la idea de que las campañas de comunicación política y electoral han de mutar para ir teniendo un carácter más emocional y menos racional y, de paso, una condición más espectacular que informativa. Y me preocupa el hecho de que esto genere la sensación de que las campañas de color promueven un abaratamiento del discurso público: ¿Afectará a la democracia esta nueva manera de comunicar los temas políticos? ¿Afectará el hecho de que el discurso ha cambiado para convertirse en un espectáculo emocional?

Mi respuesta la escribo desde mi pequeña trinchera de consultor: creo que eso es un debate que deberá de abrirse en otras vías, particularmente entre quienes deciden el rumbo que tomarán las redes sociales en el futuro. Los consultores tenemos poca o ninguna influencia en el desarrollo de estas herramientas y nos dedicamos a explotarlas en esa peligrosa franja en la que lidiamos con los objetivos de nuestros clientes y con nuestros propios límites morales.

En alguna ocasión escuché una conferencia de Fernando Savater en la que expresaba su punto de vista sobre el optimismo. Decía, con mucho mejor soltura que la mía, que los optimistas y los pesimistas son gente perezosa; los optimistas porque, si todo va bien, consideran que no hay necesidad de hacer nada. Y los pesimistas, porque, estando todo mal y sin visos de que podamos hacer algo por resolverlo, sopesan que tampoco tiene sentido hacer algo. Así que ambos, optimistas y pesimistas, al final del día pueden tirarse en la hamaca y sentir que ese es su papel en la vida. ¿Entonces quiénes mueven el mundo y quiénes resuelven la forma en la que éste avanza?

Los consultores no somos ni optimistas ni pesimistas, ni consideramos que no haya nada por hacer para que el mundo sea mejor, pero somos realistas en el sentido de que reconocemos que difícilmente formamos parte de los poderes fácticos que mueven los grandes hilos del mundo. Somos apenas pequeñas piezas intentando hacer bien las cosas en los límites que otros nos fijan. Si se me permite, como en la imagen del Joker de Heath Ledger en The Dark Knight: a veces sólo somos como un perro que persigue un auto, aunque, eso sí, con un plan. Y en ese plan intentamos contribuir positivamente. En lo personal, no acepto proyectos si previamente no estoy de acuerdo con las referencias morales de mis clientes. Ahí empieza mi trabajo como consultor y ahí empiezan también los confines mediáticos de lo que desarrollo. Las campañas de color, son mi visión sobre cómo hemos de llevar la comunicación política en este contexto de redes sociales, pero sé que su empleo dependerá –en mucho– de nuestros patrones éticos, más que de nuestra pericia técnica.

CREA TU PROPIA
ESTRATEGIA DE
CAMPAÑA

DESCARGA LA PLANTILLA
DE CAMPAÑAS DE COLOR
INGRESA A: WWW.ANDRESELIAS.COM

¿QUIÉNES SOMOS?

¡La **agencia mexicana** que está redefiniendo la **estrategia y la creatividad** en Latinoamérica!

IMAGINA ESTO:

Los videógrafos y diseñadores **más creativos** y comprometidos del mercado, listos para sumergirse en **tu proyecto las 24 horas del día.**

Campañas electorales

Comunicación de gobierno

Campaña B

@agenciafacu
www.agenciafacu.com

CAMPAÑAS DE COLOR
de *Andrés Elías*
Se terminó de imprimir en febrero de 2024 en Guadalajara, Jalisco, México. Para su diseño se usaron fuentes de la familia Adobe Garamond Pro y Gotham a 9-20 puntos. Cuidó de la edición el autor. Los servicios editoriales fueron por cuenta de Galaxia Literaria.

hola@galaxialiteraria.com
www.galaxialiteraria.com
informes@puntoycomaeditores.com
www.puntoycomaeditores.com

Tel. y WhatsApp: +52 33 14822765

www.ingramcontent.com/pod-product-compliance
Lightning Source LLC
Chambersburg PA
CBHW051308250726
48656CB00004B/1548